[英国]詹姆斯·富尔彻 著　张罗 陆赟 译

资本主义

牛津通识读本·

Capitalism

A Very Short Introduction

译林出版社

图书在版编目（CIP）数据

资本主义/（英）富尔彻（Fulcher, J.）著；张罗，陆赟译．—南京：
译林出版社，2013.1（2024.6重印）
（牛津通识读本）
书名原文：Capitalism: A Very Short Introduction
ISBN 978-7-5447-2696-2

I.①资… II.①富… ②张… ③陆… III.①资本主义 - 研究
IV.①D091.5

中国版本图书馆 CIP 数据核字（2012）第 053963 号

著作权合同登记号 图字：10-2019-263 号

资本主义 ［英国］詹姆斯·富尔彻 / 著 张 罗 陆 赟 / 译

责任编辑 於 梅
责任印制 董 虎

原文出版 Oxford University Press, 2004
出版发行 译林出版社
地 址 南京市湖南路 1 号 A 楼
邮 箱 yilin@yilin.com
网 址 www.yilin.com
市场热线 025-86633278
排 版 南京展望文化发展有限公司
印 刷 江苏凤凰通达印刷有限公司
开 本 890 毫米 × 1260 毫米 1/32
印 张 9.125
插 页 4
版 次 2013 年 1 月第 1 版
印 次 2024 年 6 月第 13 次印刷
书 号 ISBN 978-7-5447-2696-2
定 价 39.00 元

序言

颜鹏飞

什么是资本主义?它走向何处?这两个问题是困扰人类数百年且颇具争议的重大问题。

西方学者对上述问题各持己见,众说纷纭,给资本主义戴上了形形色色的新帽子,如"晚期资本主义"、"新帝国主义"、"慈善资本主义"、"更具人道主义色彩的资本主义"、"福利资本主义"、"金融帝国"、"后工业社会"、"业主资本主义"、"经营者资本主义"、"经营货币资本主义"、"华尔街资本主义"、"投资商资本主义"、"利益共享资本主义"、"法人资本主义"、"有计划有组织的资本主义"、"调整的资本主义"、"后资本主义社会"、"后文明化社会"、"电子技术社会"、"反市场的资本主义"、"赌场资本主义"、"学术资本主义", 以及 "新型帝国主义"、"超级帝国主义"、"货币帝国主义"、"资源帝国主义"、"粮食帝国主义"、"金融资本主义"或"金融帝国"、"灾难资本主义"、"新新帝国主义"等等。

本书作者詹姆斯·富尔彻(James Fulcher)认为,资本主义是一种能将各类资产转换成资本的制度,它的本质特征是以赢利为目的的投资;资本主义生产取决于对雇佣劳动的剥削,工人们变成了马克思所说的"工资奴隶";危机和不稳定性是资本主义经济体的常态特征之一,经济发展的稳定期只是例外。富尔彻进一步认为，资本主义改变了世界，与此同时，资本主义自身也在发生变革。在他看来，资本主义在经历了商业资本主义、工业资本主义、金融资本主义的同时，也经历了两次转型：从无序型资本主义（这一阶段包括整个18世纪及19世纪早期）转变为管控型资本主义（自19世纪后半叶开始，到20世纪70年代达到顶峰），后者的特征是福利国家、国有化运动和"市政社会主义"运动[①]。从管控型资本主义发展到"重新市场化的资本主义"，是资本主义的又一次重大转型。后者是始于20世纪80年代的资本主义发展的第三阶段，信奉个人自由和市场自由运作的"新自由主义"思想主导了这一时期的意识形态和经济政策。

该如何评价资本主义的转型呢？作者詹姆斯·富尔彻看来是力主资本主义改革的温和派，他在审视了瑞典、美国和日本三种截然不同的管控型资本主义体系的发展与转型之后认为，重新市场化的资本主义并没有解决资本主义社会的问题，但也尚未显露出最终危机的迹象。美国马克思主义经济学家，市场社会主义者戴维·施韦卡特（David Schweickart）则在《超越资本主义》（2011）一书中披露了自由资本主义的七大问题——惊人的贫富差距、持续增长的失业、在职人员劳动的强化、与财富的空前增长相伴随的贫穷的增加、经济的不稳定、民主的退化和自然环境的恶化——进而得出激进的结论：必须寻找资本主义制度的替代物。

---

① "市政社会主义"运动追求"普遍的公共产权"，不仅教育和医疗脱离了市场，其他重要的工业和服务也是如此。它将煤气和水的供应收归国有，并且提供公共所有的城市交通。1890年颁布的法律给予市政议会建造房屋的权力，政府由此开始为公众提供住房，到1979年有1/3的英国家庭住在公共住房里。

马克思关于“两个决不会”(“无论哪一个社会形态，在它所能容纳的全部生产力发挥出来以前，是决不会灭亡的；而新的更高的生产关系，在它的物质存在条件在旧社会的胎胞里成熟以前，是决不会出现的”)、“两个必然”（“资产阶级的灭亡和无产阶级的胜利是同样不可避免的”)和“三个有利于”(“资本的文明面之一就是，它榨取剩余劳动的方式和条件，同以前的奴隶制、农奴制等形式相比，都更有利于生产力的发展，有利于社会关系的发展，有利于更高级的新形态的各种要素的创造”)的科学论断诠释了资本主义社会经济形态的本质，并且在论证了资本主义走向灭亡的历史必然性的同时，阐述了一定历史发展阶段上资本主义存在的必然性和正当性，以及资本主义制度发展的弹性和生命力。由此可见，资本主义制度及其生产方式并非是一成不变的，它们有一定的自我调节、改良和改善功能。随着时代及其主题的变化，在工人运动的压力下，资本主义制度力图维护社会正常秩序和社会制度运行的稳定性，在生产方式、生产关系和思想理念等方面都在进行不同程度的调整和变革。例如，随着生产力的日益社会化，生产关系已从萌芽资本主义、私人资本主义（私人资本）、一般垄断资本主义（股份资本）、国家垄断资本主义（国家垄断）发展到以跨国公司为标志的国际垄断资本主义。私人资本与社会资本并存，资本的国家所有制、资本的个人所有制与资本的股份所有制并存。

世界各国自二战以来，表现出合作、和平、发展以及变革、调整和转型的时代特征。应该强调指出，一次又一次的经济危机也是资本主义制度迫于生存压力进行调整和改革的推动力。2008 年始于美国次贷危机的全球性金融风暴表明，西方世界已经进入一个新的转折、变革和调整时期。这就从一个侧面印证了马克思关于资本主义变革性的论断："资产阶级除非对生产工具，从而对生产关系，从而对全部社会关系不断地进行革命，否则就不能生存下去……生产的不断变革，一切社会状况不停的动荡，永远的不安定和变动，这就是资产阶级时代不同于过去一切时代的地方。"尽管资本主义社会经济形态的本性没有因此而改变，但是调整和变革也是资本主义社会发展的重要动力。不能无视资本主义的新变化，而应该充分估计资本主义在一定限度内（即在资本主义生产方式内）自我调整、自我变革的能力。

新的变化、稀释和缓解社会矛盾和非和谐的举措，以及资本主义内部滋生的变革因素和否定因素主要有：

1. 通过全球化在全球范围不断地复制其生产力和生产关系，享受生产力红利、全球化红利和制度红利。

2. 关注和扩充软实力和巧实力。

3. 扩充中产阶级。

4. 发展社会保障制度。

5. 重视民间非营利性组织的发展。

6. 强化对企业的微观规制和劳动立法。

7. 倡导绿色的新发展论。

8. 西方国家，尤其是北欧表现出"民主社会主义"化倾向。

应该指出，美国耗费了近一个世纪，日本用了半个多世纪，韩国用了大约 1/4 个世纪，才使得社会矛盾和非和谐情况有所缓解。可是，上述做法在客观上却又带来另外一种后果和发展趋势，即为资本主义生产关系的进一步扩展设置了新的界限和障碍，从而进一步加快了对资本关系自身规定性及本质的自我背离、自我否定和自我扬弃的进程。资本主义社会的周期性危机（尤其是此次特大型金融危机和美国的占领华尔街运动)就是一个证明。资本主义只是历史长剧中的匆匆过客，这是资本主义生产方式矛盾运动的必然结果。

2012 年 11 月 23 日

于武昌珞珈山

致谢词

感谢莱斯特大学给予我学术假期，使我得以完成本书。

目录

前言

正如我在第六章所提出的，危机是资本主义经济体的常态，但人们普遍认为，当前我们所处的经济危机是自 20 世纪 30 年代以来最为严重的一次。我想借写这篇前言的机会对此略谈几句。

当前危机的直接根源在于美国的房产市场泡沫，同样的情况也发生在其他国家，如英国。房价似乎在无限制地上涨，这使得房产看起来成为一项安全的投资，对于买房者和借贷者都是如此。银行竞相放贷，通过佣金和红利等手段激励销售员提高业绩。各家银行间的竞争如此激烈，致使个别银行愿意提供远高于房产面值的贷款额度，比如英国的北岩银行就提供相当于房价 125%的贷款。在美国，另一项常见举措是提供在初始阶段利率极低的贷款以吸引借贷者。银行迫切想要放贷，不仅因为它们能挣得利息，更重要的是，因为它们能将这些贷款项目“证券化”，将它们打包销售给其他金融机构，后者正试图寻求安全的投资赢利方式。

房价不可能无限上涨，房产泡沫最终破灭了，这不足为奇。但是，很少有人意识到房产市场的震荡将导致影响整个资本主义经济体系的全球性危机。为什么会这样呢？

许多所谓的“次级”借贷者受人蛊惑，接受了他们无力负担的贷款。当房价开始跌落时，提供贷款或投资其中的金融机构在试图收回房产以回笼资金时遇到了麻烦。但真正导致这种情形转变为危机的是这些机构的高负债率。它们借了大笔资金（通常是从国外），用于发放贷款或购买贷款投资组合。美国主要投资银行的借款金额相当于它们自身资本的30倍。

银行从“杠杆效应”中获得巨大利润，它们的股票价格一路飙升，但它们没有意识到自己的处境多么危险。它们以为自己很安全，因为它们使用了尖端的新金融技术来消除风险，但它们并没有很好地掌握这些技术，其效果远不如预期。看似岩石般牢固的美国金融机构——纽约的投资银行如贝尔斯登、美林、雷曼兄弟，抵押金融机构如房利美和房地美，以及全球保险巨头美国国际集团——都背负了远远超过自身偿还能力的巨额债务，面临着破产的绝境。

随后危机迅速波及全世界。一家又一家知名金融机构不得不依靠政府援救。当雷曼兄弟获准宣布破产时，全球金融圈一片恐慌。还有哪家银行安全呢？各家银行纷纷担心贷款无法回收，因此不愿意相互借贷，银行间贷款利率由此上升。那些背负巨额债务的银行极力回笼资本。资本被存储起来。

这场危机的范围已经超出了银行。它在整个经济体扩散，因为存储起来的资本冻结了整个金融体系。正常的经济活动需要金钱在借贷双方之间往返流通，但如今“贷款紧缩”终止了金钱的流动。那些需要借钱以维持日常运作的普通公司发现贷款忽然变得极其困难。切实可行的项目也不得不暂时搁置。在英国，需要私人资本的学校和医院建设项目遭受了严重影响，而为了2012年伦敦奥运会的准备工作能正常进行，英国政府不得不用公共资本来替代私人资本。政府竭尽全力试图降低利率，从而使银行恢复贷款。

当政府帮助银行恢复正常贷款后,这场危机会结束吗?问题在于,危机触发了累积性的通货紧缩机制。破产、失业率上升、工资水平下降、销售和价格下降,这些因素相互作用,使经济走向萧条。出于对未来的担心,人们开始增加存款,减少消费。正如第六章中所描述的日本的案例,类似的螺旋式经济紧缩很难化解。无论如何,当前的情况相比 20 世纪 90 年代日本所面临的问题更为严重,因为当时世界其他地区并没有出现螺旋式经济紧缩,对于日本商品来说,依然有巨大的海外市场。如今,螺旋式经济紧缩波及全球,日本的出口额急剧下跌。

金融危机也戳破了另一个更为巨大的泡沫,那就是自 20 世纪 80 年代以来累积的债务泡沫。越来越多的消费,越来越多的经济活动由债务提供资金。到危机降临的时候,美国的债务总额已经比国民收入的三倍还要多。对于消费者(以及公司和银行)来说,借债的成本很低,因为利率很低,且远东和中东的资金大量涌入了传统的工业社会。在远东和中东社会里,居民储蓄率高,并且外贸出口获得大笔盈余,这些资金必须到外部寻求投资对象。事实上,对于新兴的生产国而言,资金流入传统工业社会至关重要,因为这些钱促进了对出口商品的消费。

目前人们的注意力集中在管理制度和金融政策上,这两方面的失败使得债务发展到无法维持的水平,但如果没有债务激发的消费,之前就已经出现了过度生产的危机。资本主义特有的激烈竞争、由竞争驱动的技术进步,以及资本主义生产在新兴国家的扩散,这些因素结合在一起,推动生产达到新的高度。要想吸收如此多的产品,消费唯一能依靠的就是不断增长的个人债务。但是,累积的债务只不过延缓了过度生产的危机;债务使生产得以进一步扩张，实际上使得最终发生的危机变得更为糟糕。危机发生后的债务收缩揭示了潜在的危机，最明显的例子莫过于大量待售的车辆。这就是资本主义潜在的过度生产倾向，对此马克思早就提醒过（参见第六章），同时这也是资本主义的根本问题所在。

私人债务在收缩，但公共债务一直在扩张。各国政府试图通过削减税收和增加支出来消解螺旋式通货紧缩并增加消费，但它们随即面临公共债务增加的问题。这些政策背后的凯恩斯主义逻辑非常明确，将经济活动维持在较高水平相比其他选择能保持更高的税收和更低的福利成本。但是，公共债务必须由某一方提供资金支持。如果政府试图过度借款，它们的贷款来源可能会被耗尽。无论如何，公共债务必须支付利息，并且最终通过采取更高的税收和更少的政府支出来削减，这一做法将在未来的某个阶段抑制需求。最根本的问题是，无论政府做什么，债务、消费、生产三者间将相互影响并出现衰退，这一点看起来难以避免。

当前突然盛行的政府干预是否意味着我们已进入资本主义发展的新阶段？我在本书的第三章提出，“重新市场化的资本主义”，即资本主义发展的第三阶段，始于20世纪80年代。或许我们可以说，现在一个新的阶段已经到来，因为正是“重新市场化的资本主义”让市场的力量为所欲为，从而催生了当前的危机。金融机构获准自由借款，并且可以投资于任何它们中意的经济活动。金融机构间日益激烈的竞争造成了竞争性的贷款操作，从而产生了房产泡沫。随即，在金融衍生产品方面赌博似的投机活动（参看第一章中论述尼克·李森的投资活动的部分）火上浇油，这些投机举措打压了陷入困境的银行的股价。忽然之间，人们都在谈论一个新时代，谈论严格管制、对金融行为的政府监管、银行的国有化、对陷入困境的产业提供政府支持、政府创造就业机会等话题。

但是，如果就此匆忙得出结论，将政府的紧急干预与资本主义发展的新方向混为一谈，这是错误的。将银行收归国有可能只是临时举措。英国的工党政府在态度上并没有发生意识形态上的转变，他们逐步地、不情愿地接管银行的做法说明了这一点。他们这么做，目的在于保持金融体系的运作，而不是因为相信公有制的好处。英国的全面私有化源自20世纪80年代，看起来当前不可能出现大规模的反拨。资本主义将坚持重新市场化的做法。

必须要指出的是，正如第三章所讨论的那样，管制本身对于重新市场化的资本主义来说并不陌生。尽管不充分的管制使得当前的危机得以发展，但创建一个新的管制机构以避免滥用市场行为并维持一个公平的竞争环境，这是重新市场化的资本主义的主要特征之一。国家引导与国有制对资本主义有害，但是国家管制事实上对于资本主义的运作至关重要。

毫无疑问，很多事取决于危机的程度与持续时间。当前的危机是一次严重的全球性危机，几乎所有地区的生产都受到影响。据预测，2009年美国、英国、欧元区及日本的经济都将衰退。正如20世纪30年代的大萧条时期一样，国家保护的政策可能使危机加剧。尽管每个国家都在公开反对保护主义，但已经有充分的证据表明，一些国家正试图保护它们的产业，并把投资集中于国内。国际贸易正在衰退，一些人担心某种“去全球化”的过程正在发生，这一过程将伤害所有国家，但对发展中国家的冲击尤为剧烈。

不过全球衰退的程度可能被夸大了。据预测，世界其他地区的经济在 2009 年将继续增长，尤其是中国和印度。中国的年增长率为 8%，印度为 6%，尽管发展速度有所放缓，但依然会取得大幅度增长。尽管对西方出口减少给中国带来了问题，但是，中国拥有世界人口的五分之一，如果减少储蓄，增加消费，中国的国内市场足以推动经济自足增长。要想设法摆脱现有的全球经济危机，关键在于远东地区的经济体：究竟它们现在是否能够自给自足，推动经济增长，抑或国际贸易将它们如此紧密地与传统工业社会捆绑在一起，以致它们也将一起衰退，就像 20 世纪 30 年代的大萧条一样？

2009 年 4 月

第一章

什么是资本主义？

商业资本主义

1601年4月，英国东印度公司派遣第一支远航船队前往东印度。经过18个月的航行，四艘船只——“升天号”、“猛龙号”、“赫克托耳号”、“苏珊号”——从苏门答腊和爪哇返回，带回的货物以胡椒为主。此次冒险的成功促使同一批船队于1604年3月离开伦敦，开始第二次远航。船队返回时，“赫克托耳号”和“苏珊号”率先启程，但“苏珊号”在海上失事，而“赫克托耳号”则被“升天号”和“猛龙号”救起，当时它正漂流在南非附近的海上，多数水手已经死亡。三艘船于1606年5月回到英格兰，带回了胡椒、丁香、肉豆蔻等货物。投资于这两次航行的股东们从中获得了相当于投资额95%的利润。

1607年，船队的第三次远航同样取得成功，但1608年“升天号”和“联合号”的第四次航行却是一次彻底的灾难。“升天号”抵达印度的西海岸，却在那里因为它那“傲慢且固执的船长”的错误决定而失事。他忽视了当地人关于浅水区的警告，导致船只搁浅。“联合号”在马达加斯加的一个港口停靠，在那里船员们遭遇埋伏，船长被杀，不过“联合号”依然抵达苏门答腊并满载了货物。但在返回英格兰的途中，“联合号”在法国布列塔尼附近的海岸失事。投资者在这次航行中损失了全部资本。

资本主义本质上就是期望获取利润的投资行为。通过类似的远距离贸易，投资者可能获得巨额利润，但同时也要承担相当大的风险。利润完全来自稀缺性和距离。欧洲和香料原产地之间胡椒价格的巨大差异造就了利润，巨额利润使得人们无视冒险的成本。真正重要的是货物是否能运回欧洲，不过市场条件也很重要，因为大型船队的突然回归可能会压低价格。如果贸易的高额利润吸引了太多人参与，市场也可能会变得饱和。胡椒的过量供应迫使东印度公司采取多元化经营，同时贩卖胡椒之外的香料和其他产品,比如靛蓝染料。

此类贸易需要大量资本。首先必须造一艘大船,如“东印度人号”(此类商船大都被如此命名),船上配备相应设施,并装上火炮以对付荷兰和葡萄牙的竞争对手。当它远航归来时，还得维修。公司位于布莱克沃尔和德特福德的船厂需要大笔资金支持。在当地,船厂是主要的劳动雇佣者。远航的船只还要捎上用于购买香料的金条和货物，装上弹药以及备足大批船员所需的食物和饮水,这也需要资本。在东印度公司第三次远航的时候,“猛龙号”有150名船员,“赫克托耳号”100名,“升天号”30名,总共需要预备280人的饮食,至少在航程的初始阶段是如此。需要大批船员的原因之一是确保在航程中发生危险造成人员伤亡后,有足够的水手驾驶船只返航。

英国东印度公司的资本主要来自伦敦的富商，他们掌控并管理资本的使用。资本的另一来源是贵族及其附庸，公司欢迎这些人的加入，因为他们在宫廷中很有影响力。公司的特权取决于王室的态度。外国资本同样参与其中，主要来自被荷兰东印度公司排除在外的荷兰商人。这些商人还是荷兰公司活动情

图1“东印度人号”,1829年

报的有效来源。

东印度公司的前12次航行都是分别募集资金的，每次航行的资本属于一次性投资，所获利润根据商业传统在股东间分配。但是,对于长途贸易的投资来说,这种方式极具风险,因为资本将前往遥远的未知地区，在很长一段时间内处于不确定状态。每次航行中派遣多艘船只可以分散风险，但整个船队也可能全部遇难,就像1608年的那次远航。东印度公司转而采取将风险分散到几次航行里去的融资办法，于是公司变为成熟的联合股份公司。自1657年之后,公司所获得的投资改为连续性的资本投入,与特定的航行无关。1688年,东印度公司股票在伦敦股票交易所上市。

东印度公司还通过垄断措施减少风险。和它的国外竞争对手一样，英国东印度公司与政府联系紧密，后者给予它东方商品的进口垄断权以及使用金条作为支付手段的权力。作为回报，一直缺乏资金的政府对公司的大宗商品及贵重物品进口收取关税以资岁收。东印度公司当然也要面对竞争，但主要是国际竞争，即英国人、荷兰人、葡萄牙人在印度周边地区的竞争。在三个国家的本国范围内，竞争被尽可能地消除殆尽。被排除在外的其他人一直努力介入贸易，而政府给予东印度公司的关键特权之一就是对“闯入者”采取行动。

通过大量购入股票和抑制销售可以操控市场。17世纪阿姆斯特丹的商人尤其善于此类操作，他们忙于达成对各类商品的垄断，不仅是香料，还包括瑞典的铜、鲸鱼制品、意大利丝绸、糖、香精和硝石（火药的成分之一）。要做到这一点，巨大的存储仓库是关键。费尔南多·布罗代尔评论道，荷兰商人的仓库比巨舰更大、更昂贵。他们可能贮存大量谷物，足够整个国家吃上10到12年。这不仅是抑制商品供应以抬高价格的问题，因为大量存储也使得荷兰能突然将货物倾销到整个欧洲市场，从而打垮外国竞争者。

这当然是资本主义，因为远途贸易需要以获取巨额利润为目的的大笔投资，但是这显然并不是自由市场资本主义。获取高额利润的秘密在于通过这样或那样的方式确保垄断，排斥竞争对手，并尽一切可能控制市场。因为利润是通过交易稀缺商品而不是合理化生产的方式取得的，商业资本主义对于社会的影响有限。当时欧洲的大多数居民过着自己的生活，资本所有者的商业活动并没有影响他们。

资本主义生产

18世纪80年代，两个苏格兰人，詹姆斯·麦康奈尔和约翰·肯尼迪从家乡一路向南到达兰开夏郡，加入当地的棉纺织业，成为学徒工。他们积累了一定经验并从纺织机械生产中赚了一笔钱，随后两人在1795年建立了自己的公司，初始资本为1,770英镑。他们很快从纺纱业务中获取了可观的利润，1799年和1800年，公司的资本回报率超过30%。他们迅速累积资本。1800年，他们的资本上升到22,000英镑；1810年，进一步上升到88,000英镑。到1820年，公司拥有三家纱厂，并且成为了全球棉纺之都曼彻斯特精品棉纺织业的龙头老大。

然而，棉纺织业迅速成为激烈竞争的行业，利润无法维持在19世纪初的高水平。很大程度上，这是因为高利润导致行业扩张，吸引了众多新企业加入。到1819年，已经有344家纱厂。到1839年，这个数字增加到1,815家。技术进步使得19世纪30年代的生产率出现大幅度提升，竞争促使公司投入大量资金开发新机械。这一时期建造的纱厂面积更大，可容纳40,000台纺锤，而之前的工厂只能容纳大约4,500台纺锤。19世纪30年代，厂房和机械的巨额投资成本，加上生产率提高后对棉线价格的挤压，使得整个行业的利润率处于较低水平。

利润最终取决于将棉花原料加工成纱线的工人。麦康奈尔和肯尼迪的员工人数从1802年的312人增加到19世纪30年代的约1,500人。其中多数为廉价的童工，经常出现雇用的劳工中近半数不满16岁的情况。1819年，有100名儿童不满10岁，甚至有7岁儿童，他们必须从早上6点开始工作，直到晚上7点半。

除了新厂房和新机械偶尔产生的高成本，公司的主要开支

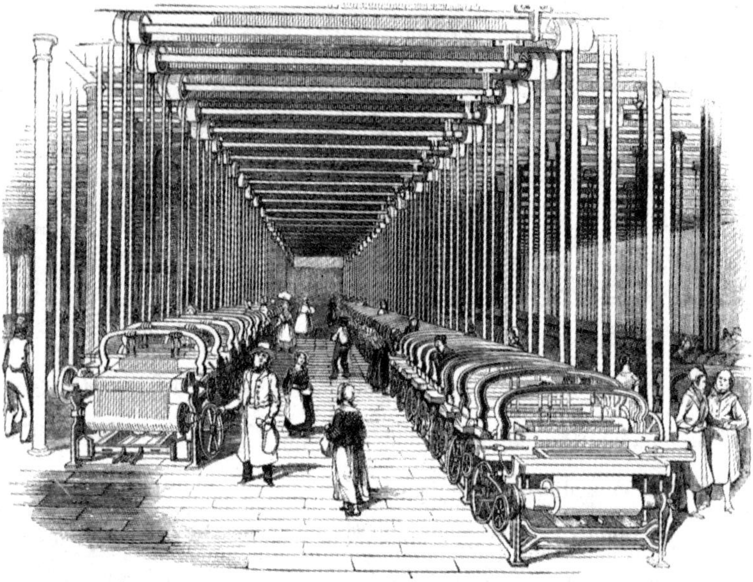

图2 动力织布机在一家19世纪的纱厂中占主导地位

是工资。1811年，公司的年度工资支出超过35,000英镑。到19世纪30年代中期，此项支出超过48,000英镑。通过压低工资水平，并用技术一般但相对廉价的劳工替代技术熟练的工人（自动机械的发明使其成为可能），公司达到了尽可能压缩工资开销的目的。棉纺织业一再出现的不稳定状况，导致市场需求周期性暴跌，雇主不得不降低酬劳并压缩工作时间以求继续生存。

随着工业资本主义的发展，工资引发的劳资纠纷越来越有组织性。纺织工人通过工会来保护自身利益，反对削减工资。他们的组织起初限于地方，随后扩展到区域，并最终成为全国性组织。从1810年到1818年，再到1830年，有组织的罢工越来越多，但都被得到政府支持的雇主所挫败，政府拘捕罢工者并将工会领袖关入监狱。雇主们建立了自己的联合会，以便将工会激进分子“列入黑名单”,采取“停工以迫使工人妥协”的办法回应罢工，并且相互提供资金支持。不过纺织工人所采取的强力行动看起来颇为见效，尽管纺织业利润率下降，雇主们极力削减工资,但工资依然保持稳定。

对劳动者的剥削不仅限于压低工资，还涉及对劳动者的规训。要想将开支降到最低,工业资本主义需要有规律的、持续的工作。昂贵的机械必须不间断地运转。懒散、酗酒,甚至连闲逛和交谈都被禁止。纱厂在招募员工时遇到麻烦，因为人们就是不喜欢长时间、不间断的劳动班次和严密的监管。雇主们不得不寻找达成规训的办法，对于首批工业劳动者来说，这种规训极其陌生。雇主们通常采用体罚(针对童工)、罚款或威胁开除等粗放且消极的制裁措施，但有些人则采取更为复杂的、以道德说教为主的方式来控制工人。

罗伯特·欧文在他位于新拉纳克的工厂引入了“无声的监督者”机制。每个工人有一段木头,木头的侧面如果涂上黑色,表示工作糟糕，蓝色表示不好不坏，黄色表示好，白色则表示优秀。涂上颜色的那一面被转到正前方,让所有人都能看到,以便不断提醒该工人前一天所完成工作的质量。每个部门都有一本“品质登记簿”，记录每个工人每天的颜色评价。规训不仅关系到工厂，因为欧文还控制了社区。他派出街道巡逻队搜寻醉酒者,并在第二天早晨对其进行处罚。他坚持卫生清洁,制定了清扫街道和房屋的详尽要求。他在冬天甚至还实施宵禁，要求所有人在晚上10点半之后不得出门。

正如E. P. 汤普森所强调的那样,经过规训的工作是有规律的、遵循时间安排的工作。它意味着每天早起,按时开始工作,到了规定的时间点停下来休息，休息时间的长度也有明确规定。雇主们一直反对工人们一项由来已久的请假惯例，即以额外的“圣徒日”、“圣周一”，甚至包括“圣周二”为借口旷工，以便从周末的宿醉中恢复。时间变成了战场，一些无耻的雇主甚至在早晨将钟表的时间向前拨，到了晚上又拨回来。有许多故事都提到，雇主把工人的手表摘下，这样他们对时间的控制就不会遭到质疑。随着工业革命的进行，计时器的拥有率也迅速增加，这一点具有重要意义。在18世纪末，政府甚至竭力想对钟表的所有权收税。

工业资本主义不仅创造了工作，它同时也创造了现代意义上的“休闲”。乍看起来，这种说法令人吃惊，因为早期的纱厂雇主想要尽可能地延长机器运转时间，迫使工人长时间工作。但是，通过在工作时间要求工人持续工作，排除工作之外的活动，雇主将休闲和工作分离开来。有些雇主在工厂关闭期间设置长假，从而明确划分工作与休闲，因为这样做胜过任由零星休假干扰工作进度。作为工作之外的时间，“休闲”包括假期、周末、夜晚等多种形式，它是规训后的、有约束的工作时间的产物，而正是资本主义生产造成了这样的工作时间。工人们随即希望得到更多的休闲，休闲时间的延长得益于工会运动，后者肇始于棉纺织业，最终政府通过新法令限制了工作时间，并给予工人休假权。

在另一层意义上，休闲也是资本主义的产物，即休闲的商业化。这不再意味着参与传统的体育和娱乐活动。工人们开始付钱换取由资本主义企业组织的休闲活动。新的铁路公司提供价格低廉的短途旅行车票，兰开夏郡的纺织工人可以借此去布莱克浦度假。1841年，旅游业的先驱托马斯·库克组织了第一次旅行，运送人们坐火车从莱斯特到拉夫伯勒参加戒酒者的聚会。

此时，组织人们大规模旅行去观看收费入场的体育比赛，特别是足球和赛马,成为了可能。这一变化的重要意义无法估量,因为一批全新的、对休闲市场进行利用和开发的产业开始涌现，这一市场即将成为消费者需求、就业和利润的重要源头。

资本主义生产改变了人们的工作和休闲生活。以获利为目的的资本投资驱动着工业革命，而飞速的技术进步则以惊人的速度提高着生产率。但机器不可能自行运作，在创造利润的过程中起到核心作用的是雇佣劳动力。工资是雇主的主要开支，因而也成为了资本所有者与“劳动力”所有者之间的斗争焦点。按照卡尔·马克思的说法,工人所拥有的只是自身的“劳动力”,即通过体力劳动获取金钱的能力。工人们集中于工厂和手工作坊，在那里他们不得不在监工们的眼皮底下连续地、有纪律地工作。但与此同时,他们也有机会通过工会将自身组织起来,成为一个整体。与工作无关的活动被排斥在工作时间之外，成为休闲时间的内容。日常生活至此被明确划分为工作与休闲两部分。然而，雇佣劳动的形式也意味着工人们有钱用于休闲生活的开销。休闲的商业化创造了新的产业，后者又进一步推动了资本主义生产的扩张。

金融资本主义

1995年2月23日,周四,巴林证券新加坡分部的经理尼克·李森眼看着日经指数,即日本股票市场综合指数,暴跌了330点。在那一天里,他的交易操作使得巴林银行损失了1.43亿英镑,不过只有他一个人知道所发生的一切。这部分损失仅仅只是开头，李森一共向上司隐瞒了将近4.7亿英镑的损失。他知道事情已经败露，带着妻子慌忙逃窜到了婆罗洲北部海岸的一处隐居点。

与此同时，巴林银行的经理们对于在新加坡凭空消失的巨额资金困惑不已，他们竭力寻找李森。第二天早晨，人们发现巴林兄弟银行，伦敦地区历史最悠久的商业银行，遭受了巨大的损失，它事实上已经破产。李森努力想回到英格兰，但他在法兰克福遭到拘捕，以违反金融监管的罪名被引渡回新加坡，并被判处六年半的监禁。

李森经手交易的是“金融衍生产品”。这些产品是复杂的金融工具，它们的价值**衍生**自其他物品，如股票、债券、货币或者石油、咖啡等真实商品的价值。举例来说，**期货**是以**现有**价格在将来某个时间点购入股票、债券、货币或商品的合约。如果你认定股票价格将上升，你可以买该股票的三个月期货。三个月期满之后，你按照当初约定的价格买入股票，然后以当时的高价位卖出，从而赚取利润。你也可以买**期权**，即你并非一定要履行未来的交易，你可以在此后决定是否继续完成交易。

购买期货可以起到一个非常重要的作用，因为它减少了不确定性，从而也减少了风险。如果谷物的价格很高，但收获却还需要等待一段时间，农场主可以和商人进行交易，约定以现有价格在三个月后出售谷物，从而锁定现行价位。但是，购买期货也可以完全是一种投机行为，通过价格变动来获取利润。李森的此类金融期货交易或多或少是一种基于一定信息基础上的、针对未来价格变动的风险投资行为。这就是苏珊·斯特兰奇所说的“赌场资本主义”。

另一种生钱方式是“套利”，即利用不同市场间由于技术原因出现的价格微差牟利。如果你能够发现这些价格差异，迅速计算出它们的价值，并且快速调拨大笔资金，你就能通过这种方式获取巨额利润。李森发现他能够利用大阪和新加坡两地证

(a) 上图为巴林银行的明星交易员尼克·李森，摄于1999年他从狱中被释放之后

(b) 左图为尼克·李森加入公司时巴林银行的主席第七代阿什伯顿男爵

图3 英国金融资本主义的新老面孔

券交易所的期货价格之间持续时间不到一分钟的细微差异获利。这类操作的风险很小,因为所获得的利润源自真实存在(尽管很短暂)的价格差异,因而可以计算清楚并即时兑现。

那么,为什么李森会犯下如此大错?他的堕落历程开始于一个特殊的错误账户——88888号。李森创建该账户,本意是想处理非恶意的交易及账目上的错误。后来这个账户成为了他隐瞒损失的庇护所,他还让新加坡的"内勤部门"在不同账户之间进行非法的临时资金调动来掩盖累积下来的月底赤字。类似的操控欺骗了审计人员,他们本该早就发现所发生的一切。

88888号账户的存在使得李森敢于用巴林银行的资金进行投机。既然他的任何损失都能被掩盖,李森就可以冒险在期货市场上进行大胆投资,从而树立起投资高手的形象。他的损失**可以**通过后续交易来弥补,有一次李森几乎补上了所有亏损,但如果他就此关闭88888号账户,他将失去使他成为巴林银行明星交易员的法宝。最终,他的损失再次增加,并累积到难以挽回的地步,他已经无法再通过资金调动来掩盖巨额亏损。

此时,李森开始转而出售期权。与期货交易不同的是,期权能立即筹集到资金来掩盖88888号账户每月的亏损。李森一心针对期货价格变动进行投机,但东京股市的走向与他预期的正相反。随着损失的增加,他加大赌注,假装代表一位名叫菲利普的神秘客户售出更多、更具风险性的期权。神户大地震后,日经指数下跌,此时李森损失惨重,不得不通过大量购入期货,试图独力推动股市上扬。但下挫的压力显然过于强大,股市最终还是下跌。到目前为止,累积的损失和负债已经超过了巴林银行的总资本额。

为什么巴林银行会允许这一切发生呢?巴林银行是一家商

业银行。1984年，巴林银行成立巴林证券公司，并介入证券交易。这次转变非常成功，到1989年，以日本股票为主的证券交易已经占到巴林银行利润的一半。巴林证券随即介入当时正成为投资时尚的衍生产品交易。1993年，巴林银行将自己的资本与巴林证券的资本合并，这一致命的决定拆除了原本能保护银行不受证券部门投资损失影响的“防火墙”。这一做法极其危险，因为巴林银行的高级经理们对于他们参与的新游戏知之甚少，同时银行没有建立起合适的管理架构，财务控制非常薄弱。在当今世界，金融行为纷繁错杂，欺诈始终是潜在的危险。巴林银行却违背了企业管理的黄金法则，竟然允许李森兼任交易员和新加坡“内勤部门”经理两个职位。要知道后者的职责就是审核交易并平衡账目。

表面看来，李森是一个非常成功的交易员，为巴林银行挣得了大量利润，因此银行给予他全面支持。讽刺的是，当巴林银行倒闭时，李森的上司们刚做出决定，要给予李森45万英镑的红利，以奖励他在1994年的交易行为。李森的交易操作从伦敦总部榨取了越来越多的资金，以致巴林银行不得不在全球范围内寻求贷款以弥补资金缺口，但他的上司们却以为他们在为明星交易员的赢利操作提供资金支持。李森之所以能如此长时间进行违规交易，不仅仅是因为金融市场的复杂性和巴林银行内部极其软弱的金融控制，还在于银行本身对于更多利润的渴求。

资本主义究竟是什么？

我们已经考察了资本主义三个截然不同的案例。这三个案例中的商业行为各不相同，但都涉及资本主义的本质特征，即以赢利为目的的投资。经济活动本身的性质并不重要，重要的是从中获利的可能性。的确,资本主义社会的典型特征就在于,几乎其中所有的经济活动都是由以获利为目的的资本投资所驱动的。

资本是用来投资以获取更多金钱的金钱。广义上,“资本”一词常用来指**可用作**投资的金钱,或者说,能够转成金钱形式用以投资的任何资产。因此,人们的住房常被看作他们的资本,因为他们可以通过出售或者抵押贷款将住房转换成资本。许多小型企业都是通过这种方式建立起来的。但是,要将资产转成资本需具备若干条件:资产所有权必须明确界定,资产价值可以测算,资产所有权可以转让,以及存在资产交易的市场。资本主义社会发展的一个标志性特征就是出现了能将各类资产转换成资本的制度。赫尔南多·德索托令人信服地提出,正是这些制度的缺失,特别是财产法的各种运作机制的缺失,造成了第三世界无法产生地方性的资本主义萌芽。在他看来,资产中所蕴含的巨大价值被冻结,无法转成资金并由企业家投入到生产中。

在真正的资本主义制度出现前就已经存在资本主义者。自远古以来,商人们一直通过投资可获利商品来攫取财富。正如我们在东印度公司的例子中所看到的,此类商业资本主义具备高度组织性,并取得了高额利润,但这样的经济活动只涉及当时整个社会经济体的很小一部分。大多数人的收入并非来自资本投资所支持的经济活动。在真正的资本主义制度中,不仅贸易需要资本投入,生产同样如此,于是整个经济变得依赖于资本投资。

资本主义生产的基础是以获取工资为目的的劳动。在资本所有者(他拥有马克思所说的“生产手段”)和出售劳动以换取工资的劳动者之间出现了明确界线与冲突。生产手段包括工作场所、机器设备和原材料。在资本主义社会出现之前，生产手段的所有者并非资本所有者，而是制造产品的手工匠人。工资（或报酬）是雇主为获得工人所出售的劳动所支付的价格。正如资本主义者愿意为任何能带来利润的活动进行投资，工人能够在任何支付劳动工资的经济活动中找到工作。

在资本主义社会中，资本和劳动两者都具有抽象性和流动性，因为两者都与具体的经济活动相分离，从而在原则上能被投入到任何可获得报酬的经济活动中。在现实生活中，资本所有者和工人双方的现有技术和经验以及双方的关系和依附状态限制了这样的流动性。但是，资本和劳动的潜在流动性是资本主义社会的特征之一，有了流动性，才有资本主义社会特有的活力。

雇佣劳动力既是自由的，又是非自由的。不同于在奴隶主逼迫之下进行劳动的奴隶，雇佣劳动者能自行决定是否工作，为谁工作。不同于封建社会中被封建主土地束缚的农奴，雇佣劳动者能自由流动，去任何地方寻找工作。但在另一方面，这些自由是虚幻的，因为在资本主义社会要想生存只有通过付出劳动来换取报酬，劳动者对于工作或雇主几乎没法选择。此外，雇佣劳动者受到雇主的严密控制，正如我们在纱厂的例子中看到的那样，资本主义生产意味着一种新型的、经过规训的持续工作。工人们变成了马克思所说的“工资奴隶”。

雇佣劳动对于生产和消费都具有重要意义。雇佣劳动者自身无法生产他们所需或想要消费的产品，只能通过购买获得产品，他们的消费需求激励了一大批新的资本主义企业进行生产。这不仅包括他们的食物、衣饰、个人物品，也包括他们的休闲活动。正如我们之前所看到的那样，资本主义生产迅速催生了以休闲的商业化为基础的全新产业。雇佣劳动所具备的双重角色使生产和消费之间得以产生动态交互作用，从而解释了资本主义生产为何能在条件合适时如此迅速地发展。

和商人一样，市场也不是什么新产物，但市场在资本主义社会中以一种全新的、更为抽象的方式处于核心地位。因为生产和消费被分离开来——人们不再消费自己的产品，也不再生产自己消费的物品，生产和消费只有通过买卖商品和服务的市场才能取得联系。市场并不是你购买某些自己不生产的商品的场所，而是你获得任何事物的唯一途径。市场不再是位于某个特定场所，而是存在于任何买卖双方进行交易的地方。如今，在一些电子空间中，这通常意味着商品标价和登记交易的地方。这不仅适用于商品和服务，也适用于劳动、金钱和资本。支付给劳动力的工资，即劳动力的价格，由劳动力市场决定。在劳动力市场上，雇主之间为获得劳动力而竞争，工人之间也为获得工作而竞争。在货币市场上，金钱本身被买卖。在股票市场上，则是公司的所有权被买卖。

正如我们在纱厂的例子中所见到的，市场造成了资本主义企业之间的激烈竞争。它们通过多种方式相互竞争，如更有效地剥削劳动，使用技术创新来减少开支，更有效地促销产品等。竞争迫使公司不断变化，因为它们要竭力击败对手或至少赶上对方的发展速度。当然，一些企业失败了并就此破产，它们的员工失去了工作。正是这种与商业资本主义的垄断做法截然不同的竞争性，使得资本主义生产独具活力。

然而，资本主义企业也找到了减少竞争的办法。那些相比竞争对手具有优势的企业或许享受到了竞争所带来的激烈交锋，但这也带来了不确定性，减少了利润，甚至导致了破产。因此，企业间组成了行业协会以规范竞争。可以通过承诺不参与价格战或者约定所有企业维持同等工资水平来操控市场。还可以通过兼并和收购来集中生产,从而减少竞争。在资本主义制度中,竞争与集中之间总是存在着紧张关系，这两者都是资本主义的典型特征。

既然价格变化不定，任何市场都提供了通过投机赚钱的机会。如果购买某物是为了在没有通过加工以增加其价值的情况下,在未来以更高价格出售它,那么这就是一种投机。投机买卖可能涉及任何一种商品。可能是谷物,可能是货币,可能是金融衍生产品，也可能是奴隶买卖。此类投机通常被视为非生产性的寄生行为，已完全从生产商品和服务的实体经济中分离出来。尽管它通常是非生产性的，但它不仅仅是一种通过投机来赚钱的方式，还是一种避免风险的办法。由于供求双方之间的关系总是变化不定，市场处于不稳定状态。增加并储备存货是一种防范价格逆行的保险方式，以免价格变化影响赢利，甚至摧毁企业。从事李森所投机的那类期货交易是另一种减少不确定性的方法，这种复杂的方法在很久以前就已经出现，它能保护生产商和经销商，减少未来无法预测的价格变动对他们的影响。

20世纪70年代,货币兑换率从固定制变为浮动制,这使得未来的货币价值变得更加不确定。随之而来的是80年代和90年代迅速增长的货币交易。减少此类不确定性的方法之一是通过购买货币期货来“两面下注”。所以,尽管货币期货的大量交易毫无疑问是一种投机，但此类市场的拓展以及随之而来的金融创新却是出于实际的经济需要。

同样的理由也适用于公司股票的投机交易。资本市场的存在是资本主义制度的核心。它们对于资本主义制度的运行来说至关重要，因为它们使那些寻求投资的人和另一些有钱可用于投资的人走到一起。由于股票价格随着公司的经济形势和利润率的变化而变化，投机者总是能找到针对未来价格变化的投资机会。投机行为并没有和资本主义制度相分离，而是资本主义自身机制不可避免的发展结果。

因此，我们所提出的问题的答案是，资本主义制度涉及以获取更多金钱为目的的金钱投资。尽管很早以前商人就开始这么做，但是直到以投资方式进行商品生产，资本主义制度才正式形成。资本主义生产取决于对雇佣劳动的剥削，这样的劳动同时也促进了对资本主义企业所生产的商品和服务的消费。生产和消费由协调所有经济活动的各种市场联系在一起。市场使得企业间的竞争成为可能，但同时也产生了集中资源以减少不确定性的趋势。市场波动也为投机性的资本主义提供了基础，此类投机行为或许并不直接生产商品，但却是基于资本主义经济所赖以运作的核心机制之上。

第二章

资本主义源自何方?

资本主义制度最先在英国出现。因此,合理的做法是考察当时的英国究竟具备哪些条件，为资本主义的发展提供了沃土。的确，关于资本主义起源的一些描述仅仅满足于回答这一问题。埃伦·梅克辛斯·伍德的近作认为,资本主义起源于英格兰。令人惊奇的是,她认为资本主义起源于农业,源自地主、佃户和农民三者间的关系。本章第一部分大体上沿用她的思路提出了类似看法。但我们能就此止步吗?本章后续部分提出,资本主义从根本上必须被视为一种欧洲现象。在探讨资本主义起源的时候，与其问为何资本主义在英国得以发展，不如问为何资本主义出现在欧洲。

为什么是英国?

19世纪的英国是人类历史上第一个工业社会，但工业化在19世纪成为可能的原因在于资本主义制度在18世纪所取得的突破。市场关系的拓展和消费的增长产生了足够多的需求，从而使投资工业生产有利可图。为购买商品而挣钱的需求促使人们寻求在工业领域的工作机会，尽管这样的工作很单调，而且工厂的工作要求时常很严苛。资本所有者对劳动力的控制使得他们可以通过将工人们集中在厂房、引入机器生产、以新的方式组织劳动等办法提高生产率。

在18世纪，雇主和劳动者之间的关系已经明显具备了资本主义生产关系的性质。工会和劳资纠纷通常与19世纪联系在一起，但是与劳资双方利益相关的有组织的冲突在18世纪就已经出现。在18世纪，大多数手工匠人在某个阶段加入了作为工会前身的“联合组织”。他们这么做的理由很简单，因为集体组织是他们得以保护自己并对抗资本主义雇主的唯一方式，后者一直试图通过降低工资水平或雇用熟练程度较低的工人以达到获取廉价劳动的目的。

在英国西南部，制衣行业的羊毛梳理工人是最早以这种方式组织起来的工人群体之一。1700年，蒂弗顿的羊毛梳理工人成立了“友好社团”，试图与制衣商就最低工资达成协议，并要求对方不得雇用社团之外的工人。他们与雇主发生激烈纠纷，后者打算从爱尔兰进口已经梳理完毕的羊毛，这是现在大家都非常熟悉的利用国外廉价劳动力的早期案例。作为对雇主的反击，羊毛梳理工人焚烧爱尔兰羊毛并袭击了制衣商的住所，他们对私人资产的攻击最终演变为工人们与当地警方之间的激烈战斗。

同样在18世纪的英国，学者们首次就社会的经济基础做了典型的资本主义式的思考。亚当·斯密清楚地阐述了劳动分工、竞争、市场自由运作以及追求利润的生产等做法的好处。当时的主要思想家们审视着在他们周围出现的资本主义经济体的运行机制和规律。此后，卡尔·马克思在19世纪对资本主义模式进行了分析，他通过一套截然不同的意识形态话语，批判并吸收了18世纪思想家们的观点。

资本主义生产为何在18世纪的英国变得如此普遍？其中一

个原因可能是之前商业资本主义的发展。正如我们在第一章所见到的那样，商业资本主义，尤其是东印度公司这样的形式，在17世纪取得强势发展。一旦资本通过商业冒险得到积聚，它就可以被用于生产投资。并且，国际贸易的发展使得资本主义生产的商品能面向全球市场销售。在19世纪，兰开夏郡的棉纺织业在很大程度上依赖印度市场。商业资本主义也创造了对公司股份进行投资和交易的新方式。

但是，商业资本主义并没有如想象中那样与资本主义生产紧密联系。在18世纪，生产增长背后的主导因素是国内需求，而不是国外需求。而且，正如我们在第一章中所看到的，那些组织国际性贸易冒险的商人所关心的，与其说是削减生产开支，不如说是从东方和欧洲的商品销售差价中寻求赚钱的机会；他们更感兴趣的是操纵市场，而不是组织生产劳动。如果让他们寻求其他投资方式，他们很可能会选择借高利贷给政府，尤其是那些为战争募集军费的统治者。

资本主义**生产**在英国的起源不在于商业资本主义，而是源自16世纪生产、消费和市场在英格兰地区的发展。事实上，当时在诸如采矿业等行业中已经出现大型企业，因此，一部分人认为，工业革命早在16世纪就已发生。但是，当时的大部分生产依然是小规模经营，在手工作坊或家庭的基础上完成，几乎没有任何现代意义上的“工业”。不过，在服装和家用产品（如纽扣和丝带，别针和钉子，食盐、淀粉和肥皂，烟斗、小刀和工具，锁、锅壶盆罐和砖瓦等）制造业方面出现了明显增长。雇佣劳动日渐普遍，在16世纪的英格兰，超过一半的家庭至少部分地依赖工资获得收入。这意味着人们拥有越来越多的钱购买此类商品，而且在他们的日常生活中市场关系变得越来越重要。在当时，以来自伦敦地区的商人为基础建立的全国性市场已经形成，这一现象在欧洲独一无二。

随着雇佣劳动日渐普遍，出现了早期阶级组织的萌芽。之前我们看到，18世纪的手工匠人普遍加入了“联合组织”。不过，在此之前就已经有了工人组织的初始形式。16世纪，“帮工协会”已经在英国发展成熟，其历史可追溯到14世纪。“帮工(journey-man)”一词，字面意思为“白天做工的人”，他们被匠师短期雇用进行劳动。他们的技术水平参差不齐，通常都是刚结束学徒期的手工匠人，还没有掌握足够技能和经验能够成为独立工作的匠师。之后，越来越多的匠师在招募帮工后，竭力阻挠他们取得独立从业的资格，将他们排除在控制技术的行业组织之外，从而将他们留作自己的廉价劳动力。帮工对此做出的回应是成立集体组织以维护他们的权益，作为整体与匠师进行谈判，要求提高工资并改善工作条件。尽管在他们的协会仪式中依然保留了许多中世纪的习俗，但是帮工们也使用了现代化手段。1424年，考文垂服装行业的帮工举行罢工，要求得到更高的工资，地方政府不得不介入以解决争端。因此，手工匠人很早就已经分化为雇主阶层和劳动阶层，并且相互间存在利益冲突。

在这个阶段，大多数手工作坊的生产中不涉及资本投入，但在某些行业中，尤其是服装业，一种新的生产形式正在形成，那就是“分包体系”。以服装制造业为例，商人们用他们的资本买下羊毛，并分包给纺纱工和织布工，随后将纺织完成的布料收回，送往其他行业完成服装制作，并最终销售服装。尽管这一体系由商人组织，但相比从事国际性贸易冒险的商人，此类商人与生产过程的联系更为紧密。事实上，他们最初通常都是手工匠人。

在通往资本主义生产的道路上，这是明确而重要的一步。这并非真正的资本主义生产，因为资本所有者拥有原材料和产品，但并不拥有全部生产方式。比如，织布工通常利用自家的织布机工作。生产被分散为许多小单元，商人并没有控制生产过程或直接监督工人。但是，在这一体系的后续发展形式中，纺织工可能从雇主那里租借织布机，或者从雇主所有的作坊中租借工作场所，由此雇主对工人获得了更多的控制。分包体系逐渐演变为现代工厂，尽管它一度持续与后者平行发展，在纺织业这种体系甚至现在依然存在，因为在纺织业最终的成衣工序通常依旧分包给家庭工人完成。

由此，我们可以将资本主义生产的起源追溯到很久以前，到16世纪甚至更早。英国社会究竟有何特质，能孕育这些早期的资本主义倾向？在我看来，原因在于乡村的社会关系变迁。

封建领主的生活依赖于他们所享有的特权，他们可以占有农民所提供的农产品、劳动或金钱。农民阶层并不自由，而是束缚于他们所劳作的田地。但到了15世纪，市场关系开始逐步取代封建关系。封建领主变为土地所有者，其生活依赖佃户上交的租金，而佃户则在市场上相互竞争，以获得土地租赁。在土地上进行的耕作逐渐成为支付工资的劳动，土地成为可以买卖的财产。

圈地运动始于15世纪晚期，断断续续地维持到19世纪，它象征着土地所有权的转变。圈地运动用栅栏把土地围起来，有时还把所有人公用的土地变为私人财产，把当地原本依赖公用土地生活的人赶离土地。有些时候，圈地运动把传统上分散的、由不同个人所有的小块土地集中起来，变为单一的、更容易管理的单位。结果就是将土地划分为由个人所有的、界限分明的大

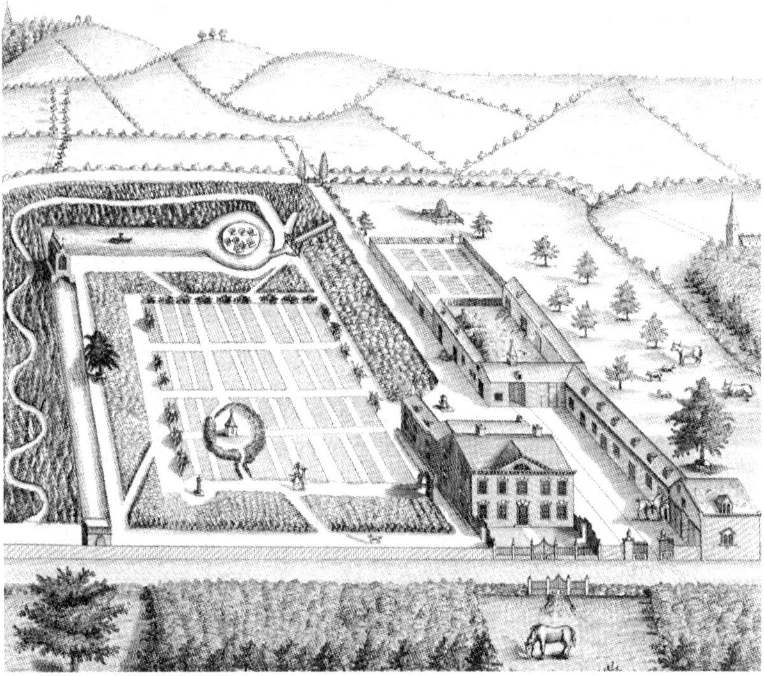

图4 圈地之后的地貌：18世纪中期莱斯特郡的伯比奇，戴维·威尔斯的庄园，一个被所圈土地包围起来的模范农场

块单元。由此，圈地运动简化了复杂的中世纪土地使用惯例，将土地转变为可以在市场上进行交易的资产。

以市场为导向的农业对于资本主义生产的发展起到至关重要的作用。农民间的竞争激发了创新，而生产力的提高使农民可以为更多非农人口提供食物。农民出售农产品，并提供农业劳动换取金钱，从而有钱购买消费品。农业生产率的提高解放了部分劳动力，他们转而从事消费品的生产。随着新的生产中心在农业地区出现，这些消费品越来越多地在农村地区进行生产。

市场关系为何会替代封建关系？人们通常把封建关系衰退

的原因归结于黑死病的影响。在15世纪的英格兰，封建领主已不复能行使特权并控制雇农，在很大程度上，这是黑死病所造成的后果。在14世纪中期，黑死病造成人口减少近1/3，并使得剩余的农业劳动力有可能反抗封建领主行使特权的企图。由于劳动力稀缺，农民可以摆脱那些暴虐的封建领主，在其他地方找到工作。但是，黑死病是遍及整个欧洲的现象，在各地造成的后果不尽相同，因此黑死病本身并不能解释在英国率先出现的封建制度的衰落。

那么，为什么封建制度会在英国率先出现衰落？在我看来，原因在于英国的封建制度并不牢固。在封建社会，司法和军事权力分散在地方封建领主手中。特权和武力的分化给予地方封建领主相当大的权力，使他们得以管辖和剥削下属的农民。但是，自从1066年诺曼征服以来，英格兰一直有着相对统一、井然有序、协调一致的君主专制体制。到了16世纪，在都铎王朝治下，英格兰成为欧洲诸国中封建成分最少、最为统一、中央集权最明显的国家。因此，英格兰的统治阶层相比欧洲大陆的封建领主而言，对地方武力的掌控较弱，难以用武力榨取农民阶层的收入盈余。在英国，统治阶层更多依赖由土地所有权、地租、工资劳动等因素提供的经济机制来剥削农民。相对统一的国家也为全国性市场的出现提供了便利。

于是，在试图回答“为什么第一个资本主义社会会在英国出现”这一问题的时候，我们最终追溯到1066年。但这并不是说射中哈罗德国王[①]眼睛的箭矢导致资本主义在英国发展起来！真

① 威塞克斯王朝的最后一位君主，1066年10月在与诺曼军队决战时战死。——编注

正的原因是诺曼征服的后续影响最终形成了一个特定的社会环境。相比欧洲其他国家，这一环境更适合成熟的资本主义体制出现。

欧洲的资本主义

尽管英国是第一个普遍采取资本主义生产形式的社会，有许多例子表明欧洲其他地方也出现了资本主义。的确，欧洲其他社会的资本主义组织方式常常要比英国的更为先进。

资本主义生产在欧洲已经有很长一段历史。分包体系起源于佛兰德或意大利，在14世纪和15世纪的德国变得十分普及。在佛兰德，分包体系最初由纺织业匠师和布商组织，所需的经营资本不多。但到了13世纪，当地一种生产过程更为复杂的豪华布料的业务获得发展，最终导致了投入大量资本的“商人兼企业家”的出现。这一产业进口英格兰羊毛。于是，英格兰的农业商业化与佛兰德的资本主义布料生产联系在了一起，这一证据表明，资本主义在本质上必须被视为全欧洲的现象。

欧洲大陆的采矿业同样大规模使用商业资本。15世纪末，商业资本所有者在北欧和中欧对采矿业进行了结构重组。在靠近地表浅层的矿藏被开采完毕之后，深层采矿（不管是铜、金、银或铅）需要大量资本。这为商人们，比如来自奥格斯堡的富格尔家族，提供了介入并控制生产的机会。富格尔家族依靠贸易以及向哈布斯堡家族的皇帝们放贷积累了大笔财富，随即他们通过在奥地利和匈牙利投资采矿业进一步积累财富。他们在匈牙利的矿场雇用了数百名工人，利润极其可观。在中欧的这些矿场里，原本独立的矿工变成了雇佣劳动力。在这一时期，德语中的arbeite（意为“工人”）一词首次开始使用。

在欧洲大陆的一些城市中也出现了朝着资本主义生产发展的早期迹象。尤其明显的是迅速发展的印刷行业。尽管大多数印刷作坊都很小,但它们需要资本购买印刷机,支付工资,购买纸张和铅字。利润取决于能否降低劳动成本。印刷作坊的匠师与雇工之间频繁爆发冲突,工人们加入了“帮工协会”,具有高度组织性。1539年,里昂爆发了一场大规模的印刷工罢工,并于1541年波及巴黎,随后在1567年和1571年,这两个城市里又爆发了进一步的骚乱。

随后资本主义生产在整个欧洲,而不仅仅是英国,获得了发展,但资本主义制度的发展不应该只从生产的角度来考察。资本主义商业和金融技术的早期发展出现在英国之外的地方。17世纪的荷兰具有比同时期的英国更为先进的商业资本主义制度,公司财务的关键革新由荷兰东印度公司完成,随后才被英国

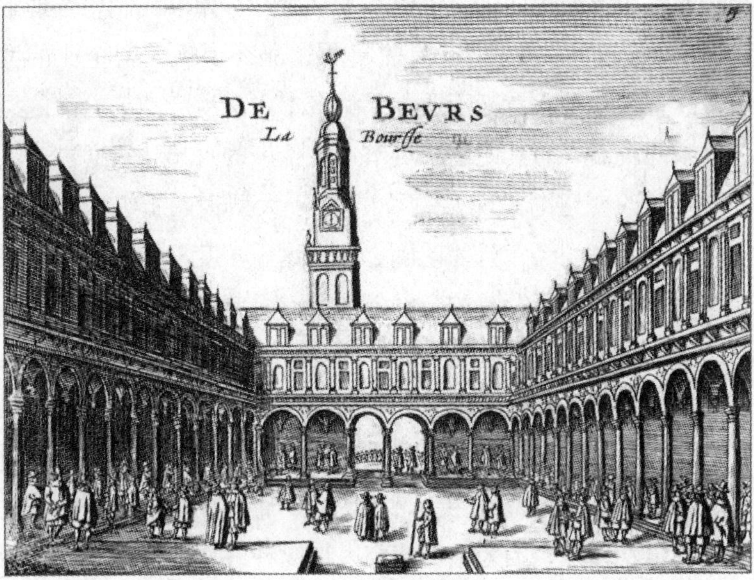

图5 阿姆斯特丹股票交易所,建于1608—1613年

的同行所采用。1609年，荷兰公司的资本变为永久性资本。投资者从一家“股份”公司那里获得分红，他们不能撤回资本，但可以卖掉股份。这一创新举措使公司得以在长期规划的基础上累积资本，从而使公司能更为持久、独立地生存下去。它还创建了进行股份交易的市场，当时阿姆斯特丹建立了股票交易所，这是资本改革的必然结果。

正如我们在本章第一部分所看到的那样，商业资本主义制度的这些革新与资本主义生产的发展毫无关系。东印度公司以及相关的股票市场与制造业联系甚少。的确，第一章中麦康奈尔和肯尼迪发迹的经历表明，英国工业化的早期阶段并非由股份公司投资。早期的工业企业大多经营规模相对较小，由家庭或当地贷款资助，随后靠利润积聚资本。

但是，金融革新对于大型工业企业的发展至关重要，正是这些企业在19世纪晚期主宰了资本主义生产。如果我们想要理解我们所生活的资本主义世界的起源，那么了解大型企业的发展，其重要性在我看来不亚于了解资本主义生产。与之前的经济体系的决裂，与其说在于资本主义生产的兴起（它通过一系列细微的改变逐渐出现），不如说在于大型企业所组织的大规模的资本密集型经营行为的确立。从这一角度来看，在17世纪，商业资本主义对于荷兰的金融创新具有极其重要的意义。

这些创新举措可以从17世纪的荷兰追溯到16世纪的安特卫普。那里的商人们发明了新的资助风险贸易的方式，通过在更大范围内吸收“被动”投资者的资本来分散风险。安特卫普同时也是一场以汇票为基础的金融革命的中心。汇票作为贸易的关键辅助早就存在，因为它们使商人得以在外地（可能是欧洲的另一端）购买商品，却在本地支付。到了16世纪，汇票不再限于特定的贸易支付，而是变为一种在国际范围内流动资金的方式,从而催生了欧洲资本市场。随着一家名为“英格兰会所”的商品市场在安特卫普建立,期货交易也开始出现。这家市场里，买卖英格兰羊毛的合同可以在不交割羊毛实物的情况下签订。

我们可以进一步回溯,早在12世纪意大利的一些城市,特别是热那亚和威尼斯，就已经有一些商人采取此类方法募集资本并资助贸易。汇票的最早形式于12世纪晚期出现在热那亚。国际贸易的风险促使商人们发展出新的合作方式来资助航行，从而分担风险,分享利润。到14世纪,财会操作的进步使商人们得以更紧密地控制国际贸易。在关于资本主义历史的早期著述中，此类创新曾被着重强调，但近来的论述侧重资本主义生产的发展，反而将这些创新举措边缘化了。要想理解主宰当今世界的公司制以及金融资本主义的起源，我们就必须重新审视这些举措。

这些金融创新举措可以通过遍及欧洲的贸易和金融网络，从金融业和商业最为发达的中心地区向周边迅速扩散，首先是意大利,随后到佛兰德,再到荷兰,因为中世纪的商业面向整个欧洲。14世纪,意大利的主要商业和银行机构在佛兰德、英格兰和法国都设有分支机构。它们甚至资助英格兰国王们的海外军事行动。

缔造此类网络的不仅仅是商业关系,还有难民的流动,尤其是在16世纪和17世纪。16世纪后半叶,来自意大利和佛兰德的难民们带着他们的知识、技能和资本来到其他国家，如瑞士、德国、荷兰、英格兰。胡格诺教派信徒是法国的新教徒,信奉加尔文的学说，他们移居或者说被驱逐到英格兰和瑞士，并在那里开始新的产业,如蕾丝、丝绸生产和手表制造。犹太商人被驱逐出伊比利亚半岛，分散到整个欧洲，其中一些移居安特卫普，之后又被驱逐，最终前往阿姆斯特丹。

英格兰对于难民持开放态度，这一点对于资本主义生产的发展非常重要。卡洛·奇波拉讨论了英格兰经济兴盛的原因，他的观点对于当前关于移民问题的辩论颇具启示。他提出，难民的经济贡献一直以来都被忽视了，他对伊丽莎白时期英格兰“与众不同的文化接受性”作了点评。的确，英格兰在当时从法国和佛兰德引入了熟悉最新技术和产品的手工匠难民，以求重振英格兰衰落的制衣行业。从中受益的不仅是纺织业，因为难民还引入了玻璃制作、造纸、钢铁锻造等行业的新技术。

造成难民流动的主要原因是宗教改革运动和反改革运动之后出现的宗教迫害和宗教战争，当然移民的原因不仅限于宗教。由战争和军事占领所引发的经济破坏是促使人们从佛兰德移民到荷兰的另一个主要原因。正如在当今世界中遇到的情况一样，很难将经济因素造成的难民和政治及宗教分歧造成的难民区分开来。通常而言，难民们离开的地区其经济处于停滞或衰退状态，而他们重新定居的地区则处于经济发展的前列。经济领导地位从意大利转到德国和佛兰德，又转到荷兰，后来才转到英国。尽管如我们所看到的那样，几个世纪以来英国的生产和消费都在持续稳定地增长，但直到18世纪英国才超越了荷兰，成为欧洲资本主义经济的领先者。

导致经济领导地位变化的原因可能是贸易的转变、战争的影响或政治及宗教变革，但就像我们所处的时代一样，当时经济变化的部分原因在于国际竞争的结果以及成功之后的自毁根基。因此，16世纪意大利经济衰落的部分原因在于贸易重心从地中海地区转到大西洋，但同时也是北欧的低成本生产商加入竞争的结果。意大利的城市提供了良好环境，使得手工业得以繁荣并生产出高质量的商品，但与此同时工资也在提高，而行会的管控则抑制了创新。当地人竭力扼制农村地区更低成本的生产,这种做法让形势变得更加糟糕。当时北欧的欠发达国家,如同现在的第三世界欠发达国家一样，能够在竞争中打败久负盛名的生产中心。

因此，虽然我们有理由问为何英国是第一个出现资本主义生产的国家，但如果只在英国范围内寻找资本主义制度的起源，那就大错特错了。一方面是因为资本主义组织形式的重要特征起源于英国以外的地区。但最主要的原因是当资本主义制度出现时，并不存在界限分明的国家资本主义。当时的商业网络是欧洲性的，商人和工人在各国间流动，在不同阶段欧洲的不同地区分别引领了资本主义的发展。

为什么是欧洲?

什么因素使欧洲成为了资本主义的诞生地？几乎欧洲社会的每个鲜明特征都被人当做理由来解释为何资本主义会在欧洲出现。

答案或许在于欧洲的城市。本章已经多次提到了城市在资本主义发展中起到的作用。先是意大利的城市,随后是布鲁日、安特卫普、阿姆斯特丹、伦敦,这些城市催生了金融和商业技术的关键革新。欧洲社会的鲜明特色之一就是在意大利、佛兰德和德国出现了由一批相对独立的城邦所组成的网络。在这些城邦中,占据主导地位的是商业和金融利益,而不是土地利益。

城市的作用不可或缺，但把城市视为资本主义在欧洲兴起的原因,这种解释存在若干问题。的确,从11世纪到13世纪,城市变得日渐独立，但随后的几个世纪里城市失去了大部分自主权，先是受重获权力的封建统治者管辖，后来又听命于民族国家。此外，资本主义生产在乡村地区比在城市发展更为迅猛，因为城市里的行会妨碍了冷酷无情的资本主义者追逐新的生产方法和更廉价的劳动力。而且，正如本章第一部分所提出的，在英国至少农业的变革对于资本主义生产的发展至关重要。

或许答案在于封建制度本身。封建主义制度与资本主义制度之间的关系既有趣又矛盾。在许多方面，封建主义看起来与资本主义正相反。在封建主义制度下，与权力和财富相联系的是对土地的控制，而不是资本所有权。生产不是为了市场，而是为了生产者和封建领主的消费，后者使用暴力而非经济胁迫手段从生产者那里榨取剩余产品。不存在“自由”的雇佣劳动力，因为农业劳动力束缚于土地。这样的社会怎么可能产生资本主义制度？

尽管封建社会被看作因循守旧，与资本主义制度正好相反，但实际上封建社会在许多方面很灵便且富有活力。资本主义制度的关键特征，如市场和雇佣劳动，可能在封建社会内部发生，并且相比其他社会形态，如古罗马式的奴隶制社会，或者在世界其他地区存在的自足式农业社会，封建社会更容易产生资本主义萌芽。在封建主义制度下，生产者一方面拥有一定的自由，因为他们不同于奴隶，对于封建主只有有限的、特定的义务；另一方面，不同于独立自足的农民，他们被迫要生产剩余产品。

从封建制到市场经济的转变也可能变得相对容易。农民有义务向封建领主提供劳动或农产品，这些可以被金钱支付所替代，反过来这也意味着农民必须通过雇佣劳动或者在市场上销售农产品挣钱。封建领主则将他们巧取豪夺的所得用于购买奢侈品，从而激励贸易和制造业。封建主义制度内在的阶级冲突推动了这一转变，因为封建领主总是设法发明从农民阶层榨取金钱的新办法，农民则利用劳动力短缺的机会摆脱了封建义务的束缚,能够获取工资作为劳动报酬。

必须要补充一句，封建主义并非必然以此种方式转向资本主义。这种转变在西欧的确如此,但在东欧情况不尽相同。16世纪，东欧的土地所有者事实上加重了对农民的封建剥削，以便能从出口给西欧城市的谷物中榨取更多收入。因此，至少在一段时间内，西欧的经济发展加强了其他地区的封建主义管控。封建主义制度蕴含着演变为资本主义的潜力，但究竟此种**潜力**能否实现则取决于其他因素。罗伯特·布伦纳曾针对这一问题作过著名的论断，他认为农民自我组织以反抗封建领主并将自己从封建束缚中解放出来的能力至关重要。与东欧的封建领主相比,西欧的封建领主对于村庄的控制力较弱。

另一种解释源自欧洲多元化的政治结构。在罗马帝国衰亡之后，尽管有过许多尝试，但没有哪个统治者能够在整个欧洲范围内建立封建秩序。一些学者在解释统治者的失败时，提到了摧毁古罗马的多次蛮族入侵所造成的民族多样性。中世纪专制政权的封建结构也是后继者无法建立统一帝国的原因之一。封建统治者在军事和金融方面存在弱点，因为他们的军事力量来自不可靠的追随者，并且他们无法调动充足的资源，这使得他们建立新帝国的冒险注定失败。在这种情况下，不存在足以控制整个欧洲的帝国与封建主义制度的缺陷实际上是一回事，我们沿着另一条路径回到了封建主义制度。

但为什么多元政治结构能孕育资本主义制度？这在一定程度上是个没有意义的问题，因为有论者指出，封建官僚体制通过税收、管控，以及出于追求政治稳定而对经济发展进行打压等措施抑制了资本主义的活力。当然也有积极方面，欧洲并没有陷入无政府状态，因为不同的王国建立之后，为经济发展提供了必需的最低程度的社会秩序。

欧洲的多元化特征也使得企业家有可能从经济形势恶化的国家流动到能为企业提供更为理想条件的国家。因此，意大利和佛兰德等地出现的反宗教改革运动虽然遏制了当地经济的发展，却没有阻止资本主义的发展，因为人们可以移居到政治制度官僚化程度较低、宗教宽容度更高的地区。正如我们之前所看到的那样，资本主义在欧洲的发展，其鲜明特点之一就是经济领先优势在各国之间的阶段性轮转。当经济条件在一个地区恶化时,企业家可以在其他地区找到新的落脚点。

不过，导致资本主义在欧洲发展的真正原因或许是特定的思想,而不是特定的社会结构。宗教信仰激励人们,使他们的行动变得有意义，通过规定他们该如何生活、能够做些什么来规范他们的行为。中世纪的欧洲当然有着强大的宗教机构，渗透到人们生活的每个角落。在基督教和资本主义发展之间存在联系吗?

马克斯·韦伯对这两者之间的联系提出了最为著名的论述，他把“新教伦理”和“资本主义精神”联系在一起。值得注意的是，韦伯并非认为新教导致了资本主义的出现，而是认为新教提供了一整套思想，从而激励人们按照资本主义的方式行事。新教信仰,尤其是加尔文主义者(或按照英国通行的称呼——清教徒)的信仰驱使人们过着禁欲生活,提倡储蓄而非花费,由此促成资本的积累。新教徒还相信,侍奉上帝不是远离世俗生活,而是恰如其分地完成上帝号召他们所做的工作。新教思想将修道院的宗教规训带入日常经济活动中，韦伯引用了一位16世纪的新教神学家的话，声称“你以为自己从修道院中逃脱出来，但现在每个人在他一生中都必须做个修道士”。

清教工作伦理毫无疑问影响了北欧和北美的资本主义社会中人们对待工作和金钱的态度，但是，要解释资本主义制度为何能出现，它还有所欠缺。我们可以找到人数众多的信奉加尔文主义的企业家，在加尔文主义扎根的国家里经济增长更为迅速，但并没有充分证据表明加尔文主义者的宗教信仰对于资本主义制度的形成至关重要。的确，亨利·卡门曾令人信服地指出，不是新教企业家的宗教信仰，而是他们的难民地位，解释了加尔文主义和资本主义制度之间的明显联系。

特雷弗-罗珀提出了类似见解，他认为反宗教改革的国家将企业家从天主教地区，特别是意大利和佛兰德（之前这些地区一直是处于领先地位的经济中心），驱逐到北欧信奉加尔文主义的国家。这种做法的部分原因在于新的宗教排斥态度，这不仅驱逐了新教徒，也赶走了犹太人和部分没那么狂热的、持有宽泛人文主义思想的天主教徒（此类思想在信奉天主教的企业家中非常典型）。另一部分原因在于官僚体制和反宗教改革国家的高税收有损企业经营。一部分难民信仰加尔文主义，但其他人成为加尔文主义者只是出于便利，因为他们最终定居在了信奉加尔文主义的地区。

关于资本主义在欧洲的宗教起源的辩论还有另一面，有论者声称，其他文明的宗教抑制了资本主义在那些地区的出现。儒家思想占主导地位的中国就是一个很有趣的例子。先进的中华文明取得了许多重要的技术革新，包括发明造纸术和火药，但是这些并没有成为工业资本主义的基础。儒家思想信奉自然和社会的双重秩序，这样的观念提倡社会稳定，而不是资本主义典型的社会活力。但是，森岛通夫认为，日本的儒家思想很大程度上促成了资本主义制度在日本的成功发展。由宗教话题衍生的争论存在一个问题，那就是宗教信仰可以（并且事实上已经被人）从很多的方面进行阐述，以致宗教文本自身的解释力很有限。

在其他方面，古代中国也与欧洲相反。它是一个官僚体制盛行的帝国，缺乏欧洲所特有的封建权力分散、城市自治、多国竞争等因素。因此，我们不能将宗教差异的影响与其他那些能够合理解释资本主义为何在欧洲而不是在中国出现的差异隔离开来。

不必期待其他的先进文明能产生资本主义，有充分理由说明为什么这些文明无法做到这一点。主宰大多数先进文明的都是单一的统治集团，它们使用军事或宗教力量，而不是通过经济胁迫，来榨取农作物和商品生产者的剩余产品。这部分剩余产品随后被用于领土扩张，维持军事力量，以凸显和展示统治者的威望。它们建立某些官僚机制，专用于对人口进行征税和管制并使之臣服。在这些社会中，个人当然积聚了大量财物，但他们能这么做，靠的是与国家政权的关系，而不是单纯的经济活动。换句话说，除了通过积累资本和管理劳动力之外，还有更为简便的办法来增加财富并发展势力。

有一个共同因素将我们已经考察过的种种解释联系在一起，那就是，在欧洲社会中，缺乏一个其他文明中存在的那样一个单一的、协调一致的、占据绝对主导地位的精英阶层。罗马帝国之后的欧洲，其典型特征就是政治权力分化，多个王朝间相互竞争，城市自治，统治者和被统治者之间持续冲突。依附于统治者当然能挣钱，但国家政权并不稳定，统治者并不可靠，胁迫总是遇到抵抗。在这些情况下，经济活动成为了获取、积累并保有财富的更具吸引力的手段。市场交易的经济机制、资本积累和雇佣劳动逐渐取代了官僚体制和封建制度下积累财富的手段。欧洲社会独一无二的结构特征为资本主义机制的产生和繁荣提供了条件。

第三章

我们如何走到今天?

资本主义改变了世界,与此同时,资本主义自身也发生了变革。我们现在正处于资本主义发展的一个特定阶段,它始于20世纪70年代和80年代发生的变革。不过,要想明白我们现在身处何方,我们就必须将这个新时代放回到历史背景下。撒切尔主义代表着当前时代的核心思想,它致力于反拨之前数百年的发展趋势,恢复维多利亚时代资本主义的价值观与活力。

本章将工业资本主义的发展划分为三个阶段,并加以讨论。对于所划分的阶段以及各个阶段的称谓,读者不必过于较真。它们只是一种便利的方法,用来显示不同时期的特征以及主要特征之间的关联。这些阶段的划分参照了英国历史,因为英国最早出现工业资本主义制度,并且一直以来都是资本主义社会的重要思想及制度的主要源泉。下一章将考察资本主义发展过程中的国际间差异。

无序型资本主义

这一阶段包括整个18世纪及19世纪早期,当时工业资本主义获得了大发展。这一时期缺乏秩序,因为无论是组织起来的劳动力还是国家政府,对于资本主义企业家的经营活动都没能加以控制。小型工厂和手工作坊之间陷入激烈竞争,而劳动力则处于流动状态，拥入新的工业城市并参与其建设，建设了运河、道路、铁路，从而使货物及人员的大规模运输成为可能。

如第二章所示，从资本主义生产的早期阶段开始，手工匠人一直试图组建协会，以获取集体性的力量。雇主的敌视态度、竞争的压力、不稳定的就业和大部分生产单位的小规模生产，使得工人们很难组织起来，但他们并没有因此放弃努力。在19世纪早期，工人们雄心勃勃地进行了多次尝试，想要建立全体工人的大联盟。1830年，全国工人保护协会成立，1834年，全国团结工会联盟成立，不过两者存在时间都不长。当时，能存活下去的工会组织是由那些熟练工人组成的联盟，他们能够控制行业的准入资格，不会被轻易取代。

国家政府一度开始规范工厂的工作条件。试图对童工的工作时间加以限制的做法可以追溯到18世纪，1802年颁布的《学徒健康与道德法案》最早成功地进行了此类尝试，不过直到1833年，首部对此做出限定的有效法规《工厂法》才获准通过。虽然一部分改革者是出于人道主义关怀才提出此类法案，但法案本身并非仅仅针对剥削，它还关注工厂中所雇用的妇女和儿童的道德状况以及传统家庭关系的维系。不管怎样，对于工厂的管制越来越多，这一点被频繁提及之后，给人以某种错觉，即国家在当时的经济中起到了重要作用。事实上，当时经济生活的一些重要方面都脱离了政府管制。

国家对于学徒制、工资水平和食品价格的管理机制建立于16世纪，于1815年被废除。国际贸易摆脱国家管制的过程更漫长，但到19世纪60年代也已取得成功。其中关键一步在于1846年废除了谷物的进口关税。解除管制有利于工业资本家，他们想要摆脱国家干涉，自由开展经济活动。他们希望工资水平由劳动力市场，而不是由国家来决定。他们还希望开展自由贸易，部分原因在于支持出口，但另一部分原因则在于廉价的进口食物使他们能够支付更低的工资。

解除管制的做法与当时兴起的自由主义思想相呼应。自由主义思想提倡个人自由以及市场的自主运行，但这并不意味着国家完全放弃管制。事实正好相反，只有在一个秩序井然的社会中，市场力量才能自由操作，而社会秩序的稳定需要加强国家力量，因为当时的工业资本主义正造成巨大的混乱。罢工、暴动、破坏机器以及侵犯他人财产权等行为威胁着生产与社会秩序，而工会和激进政治运动直接挑战了资本主义雇主和国家的权威。政府动用武力来镇压暴动和示威，有时还采取极端的暴力手段。

在当时几乎没有任何国家福利。无法生存的穷人数量日渐增多，这成为令人担忧的现象。但是，当时人们担忧的并不是这些穷人的福利，而是担心他们将成为当地社区的负担。这些穷人被迫工作，1834年的《济贫法修正案》引入了新的救济体系，迫使穷人劳动。原有的"户外救济"措施被废除，创建了新的室内救济体系。只有那些进入"劳动救济所"的人才能得到救助。那里的条件被刻意设置得很糟糕，甚至比当时的工人最低薪酬还要差，只有那些无法正常工作的人才会进入"劳动救济所"。这一法规在穷人中激起了极大的仇视，在实际做法中，原有的户外救济体系很大程度上依然被保留，但是1834年的法案很好地说明了在无序型资本主义时期国家对于穷人的态度。

在资本主义发展的这个阶段，竞争激烈的小规模制造、力量单薄的工人组织、经济管制的解除、强势的国家政府、最低程度的国家福利等现象相互作用，成为本阶段的主要特征。本阶段尤为典型的思想是自由主义关于个人自由的信念，这一思想的历史意义不仅限于当时。自由主义作为一整套有影响力的思想一直延续下来，后来又改头换面，衍生出“新自由主义”思想与政策，在资本发展的当前阶段产生了重大影响。

管控型资本主义

资本主义的下一阶段从19世纪后半叶开始，到20世纪70年代达到顶峰。在这一阶段，竞争与市场管制出现衰退，因为劳资双方都变得更富组织性，并且国家的管理与控制也得到了加强。国际冲突在其中也起到一定作用，因为各国政府一方面试图保护国民经济不受日渐激烈的国际竞争影响，另一方面则更为有效地管理和利用本国资源以应对竞争对手的挑战。

阶级组织是本阶段发展的驱动力之一。19世纪中期之后经济增长更为稳定，大型生产单位出现，更强大的工会组织形成，这些因素为全国性工人运动的最终出现和生存提供了条件。雇主们也变得更富组织性。19世纪后半叶，随着产业层面上雇主们取得联合，他们也组建了自己的联合会，一方面对抗工会日渐强大的势力，另一方面也试图减少无序竞争带来的不确定性。

但是，雇主们减少不确定性的主要办法并不是通过雇主联合会，而是通过集中。对付竞争最简单的办法是大量买入或者兼并。在英国，这一过程一直持续到19世纪末期，到了20世纪20年代又出现一股新的兼并浪潮，典型案例就是1926年成立的帝国化学工业公司，该公司由四家化学公司合并而成，而这四家公司原本就是之前兼并的产物。资本主义组织形式的主要趋势之一就是集中化程度日益加强，这一趋势至今没有任何停止的迹象。

图6 设菲尔德市，赛克洛普斯钢铁厂，1853年：大型企业集中生产，也便于工人们组织起来

随着公司规模变得越来越大，公司的管理职能变得日渐繁杂，随之出现更多的管理岗位和协会。如今有学者声称，一场“管理革命”正在改变工业资本主义的特征。他们认为，管理职能的发展，连同股份制的扩展（许多股东只拥有少量股份，权力很小），意味着现在是经理而不是股东在控制着公司。经理不再仅仅试图将利润最大化，而是将公司所有投资者的利益考虑在内。“管理革命”的说法看似有理，其实却夸大了经理们的权力，因为股东掌控着公司，并且利润率依然是“最重要的因素”。不过和从前相比，工业生产过程的管理毫无疑问变得更加有序。事实上，阿尔弗雷德·钱德勒曾令人信服地指出，20世纪美国公司的优势正是源自美国式管理的“组织能力”。从这个意义上讲，资本主义变得越来越“管理有序”了。

随着政府更多地介入阶级关系管理以应对阶级组织，资本主义在其他方面也变得更加管理有序。政府从镇压工人抗议变为吸纳工人阶级并代表工人阶级，来对他们加以管理。在政治领域内，吸纳工人的策略所采取的形式是扩大选举权，这在1867年表现得更为突出；随后各大政党为了争夺工人手中的选票又展开竞争，这一做法导致工党直到20世纪才最终诞生。1906年，工党才正式成立，而在欧洲的其他国家，同类政党早就出现。在工业领域内，19世纪70年代，工会获得了一定的法律保护，尽管当时雇主们偶尔还是会通过法律途径控告工会。直到1906年《劳资纠纷法》颁布，工会才获权免于被民事起诉。

国家政府也更多地负起责任，更加关注民众的福利。这一过程始于19世纪中期的公共健康措施，但直到一战之前的十年，现代福利国家的雏形才开始出现，国家提供了养老金、失业救济、伤残救助、哺乳期福利、重病救助、免费医疗等一系列福利制度。20世纪40年代，随着免费中学教育的开展、国民医疗保健服务体制的创立、提供全面保障的各项救助的进一步扩展，福利国家的建设就此完成。就业对于福利而言至关重要，20世纪30年代大萧条的经历使得维持“充分就业”成为战后英国历届政府的首要政务之一。

不仅教育和医疗脱离了市场，其他重要的工业和服务也是如此。这一过程始于19世纪最后25年地方性的“市政社会主义”运动，它将煤气和水的供应收归国有，并且提供了公共所有的城市交通。1890年颁布的法律给予市政议会建造房屋的权力，由此开始了政府提供住房的做法。电话公司的公有化开始于1892年。随后在20世纪，电力、广播、民航、铁路、采矿以及数不胜数的其他工业都由政府创立或者接管。上述“国有化”举措，大部分并非出于赞同公共所有权的好处的社会主义思想，而是出于民族主义思想：一方面认为关键服务行业的所有权理应公有，另一方面则担心部分严重分裂或落后的行业效率低下，无法实现自身的现代化。

在上述过程中，对工人阶级的政治吸纳、工党的兴起以及社会主义思想很显然扮演了重要角色，但国际冲突也是驱动力之一。国家福利的突飞猛进发生在一战之前的十年，它所反映的不仅是政府对工人阶级的政治吸纳，还有对布尔战争期间英国士兵糟糕的身体状况的忧虑，以及对德国国家福利迅猛发展的了解。一战造成国家对经济的大面积管制，尽管随后这些管制又被解除，但战时的这一做法为后来国有制的扩展提供了重要先例。一战也推动了阶级组织的大发展，工会和雇主都首次发展出了中央集权化的全国性组织，以便影响政府的决策，后者已经全面参与到经济管理活动之中。

在20世纪上半叶的国际冲突背后隐藏着帝国间的争斗，它催生了管控型资本主义的许多特征，但帝国与管控型资本主义的关系并不仅限于此。在工业资本主义从英国扩散到其他国家之后，国际竞争日渐加剧，自由贸易最终被保护主义所取代，20世纪30年代，保护主义政策达到巅峰。通过建立一个帝国，并且将它与经济对手隔离开来，可以保护市场，并且维持原材料的廉价供应。保护还使雇主得以与工会达成妥协，在面临来自拥有更高生产率或更低工资水平的其他国家的竞争时，如果没有国家保护，劳资双方间的妥协不可能达成。

关于这个论题，有两点必须澄清。首先，我并没有认为帝国的建立仅仅是出于经济原因，我的观点是，帝国使得基于阶级组织和阶级妥协的管控型资本主义的发展成为可能，尤其是在英国。其次，我所说的帝国，不仅意味着在帝国政府治下的殖民领土，还包括英国公司及金融资本所主宰的地区。事实上，英国在经济上从它在拉美各国的投资中获益更多，那些国家不是英国的殖民地，但却受到英国金融资本的控制。

二战后的二十多年里，管控型资本主义达到巅峰。在20世纪40年代，福利国家完全建立，国有化的最后一次浪潮出现，尽管到20世纪70年代的时候，还有一些病入膏肓的公司被收归国有。公共住房的规模不断扩大，到1979年的最高点时，竟有1/3的英国家庭住在公共住房里。20世纪六七十年代的政府与工会和雇主进行协商，听取他们对政府政策的意见，作为交换，他们在执行政策时需要予以配合。通过这一办法，政府尝试管控价格和收入。政府还设法采取反周期性政策以维持就业率。平等问题在政治上很受关注，尤其是与教育、税收、福利相关的平等问题。

无序型资本主义明显的缺陷和激烈的冲突催生了特征鲜明、自成一体的“管控型资本主义”，后者在组织、制度及意识形态方面与前者形成鲜明对比。资本主义第二个阶段的形成得益于大型企业的成长、阶级组织的发展、政府与阶级组织间的统合关系、政府的介入与管制、国家福利以及公共产权的扩展，这些过程紧密关联并相互作用。它们的共同点在于降低市场关系在民众生活中的重要性，这反映出人们普遍反对市场力量所造成的趋利忘义的负面影响，正是此种负面作用在资本主义突破发展时期对民众生活产生了日渐重要的影响。不过，资本主义自身的发展并不足以解释管控型资本主义的发展。当时的国内和国际环境允许并协助这些过程的发展，因为在这一阶段资本主义是在民族帝国内部组织起来的。

重新市场化的资本主义

20世纪60年代，福利国家、政府与主要利益组织间的统合关系以及普遍的公共产权成为英国社会为人所熟知的特征。管控型资本主义的结构与价值观已经发展了至少一个世纪，看起来还将在可预见的将来继续发展。当然，管控型资本主义也有批评者，来自右派和左派的批评都有，但在60年代末之前，它一直没有遭到主流政治人物的严肃拷问。然而，到了70年代，管控型资本主义制度崩溃，80年代，一种以市场力量复兴为核心的新的政治理念对于国家政策产生了重大影响。

为什么管控型资本主义制度会崩溃？原因之一在于它所采取的统合制度最终没能奏效。政府试图管控价格和收入，但却一再失败，因为它们需要工会、雇主和政府各方通力合作，但这种合作的尝试要么迟迟未能实现，要么难以操控。当政府采取更为强硬的胁迫政策时，它们遭遇到了无法战胜的联合抵抗，此种抵抗对于政府自身而言可能是致命的。1974年，保守党政府无力应对矿工反抗政府收入政策的大罢工，这直接导致了保守党在选举中的失败。1979年，工党在经历了一个“不满的冬季”后，在大选中失败，当时它提出的收入政策在一波公共事业罢工后难以为继。

当时有论者提出，管控型资本主义遭遇失败，原因在于英国工业关系在组织形式上的特殊缺陷。考虑到英国的工会和雇主的组织形式都缺乏中央集权，处于无序状态，这种说法颇有道理。工会和雇主组织的结构形成于19世纪，并没有适应经济与社会变迁。而且，统合制度看起来在瑞典运行顺畅，因为那里有中央集权程度更高的、对称的、起作用的结构，不过如下一章所示，到了20世纪70年代，瑞典的制度同样遭遇到困境。除了英国制度的无序本质之外，管控型资本主义还存在其他问题。

真正的问题在于日渐激烈的国际竞争向旧工业社会施加了越来越大的压力，20世纪70年代的经济危机又加剧了这一压力，对此我们将在第六章进行分析。雇主们做出的反应是减少劳动力成本，这意味着降低工资、裁员、提高生产率，所有这些举措都不受工人欢迎，遭到了工会的抵制。随着管控型资本主义的发展，工会会员人数增加，权力也加大，从而处于强势地位，敢于抵制在他们看来与工会成员利益相违背的变革。

旧工业社会的管控型资本主义制度使得这些社会能应对工业资本主义所产生的许多问题，并在资本所有者和劳动组织之间达成切实可行的妥协政策。但正如上文所述，管控型资本主义发展的条件之一是国民经济与国际竞争相隔绝。随着帝国的衰落和自由贸易的发展，国家间的隔绝难以继续。国际竞争加剧，管控型资本主义制度承受着无法应对的压力。

在价值观和工作重心方面也发生了更大范围的改变，这一变化显示出对于管控型资本主义的普遍反对。有迹象表明，对高税收的反抗日渐增多，对于依靠税收提供资金支持的公共服务所摆出的“爱用不用”的态度，不满情绪也日渐滋生。这些服务并没有提供消费者所期待的选择或快速积极的反应。尽管在20世纪70年代失业率一直增长，但民众更为关心税收和物价，而不是工作。原本对于福利、平等、就业等管控型资本主义制度核心价值观的集体关注让位于更具个性化的自由和选择。

这些变化不仅部分解释了管控型资本主义的衰落，而且也有助于说明资本主义在20世纪80年代的转型方向。管控型资本主义同时遭到左派和右派的批评，但在80年代，右翼的选择最终占据上风。信奉个人自由和市场自由运作的“新自由主义”思想主导了当时的意识形态和政策。新自由主义试图反拨管控型资本主义的方向，引导英国社会恢复资本主义早期的活力。70年代，新右派的领袖基思·约瑟夫提出了新自由主义的主要思想，随后在80年代，撒切尔政府将这些思想付诸实践，90年代的新工党也跟着采纳了这些思想。

在保守党于1979年大选获胜之后，凯恩斯主义——通过政府对经济的管控和公共支出维持高就业率——连同统合主义策略宣告终结。很明显，政府的侧重点从维持高就业率转向了控制通胀。政府不再就政策向全国性的工会组织和雇主联合会咨询，劳资双方的代表发现他们被排除在国家机构之外。右翼政府将工会代表排除在外，置之不理，这毫不奇怪。但是令全国性雇主联合组织英国工业联合会的总理事感到震惊的是，当他在1980年见到撒切尔夫人时，他同样遭到了冷遇。对于统合关系的拒绝切断了劳资双方与政府的紧密联系。

通过以多种办法“让国家势力回退”，市场的力量得以复兴。通过限制福利支付（尤其是失业救济的支付）、用贷款取代直接拨款（例如教育开支）、增加收费等方法，福利支出得到削减。尽管如此，国家开支在总体上没有减少，因为失业人数增加带来了更多的社保开支。税收在总体上也没有削减，而是从收入税转为间接税，这一转变据称至少给予了民众更多的选择，因为他们可以不购买带有这些税种的商品。

公共事业与服务通过各种形式的私有化回归市场。最简单的形式是将公共企业出售给私人。根据叶金和史坦尼斯洛的统计，截至1992年，2/3的国有行业，共计46家主要机构，近90万名员工，都以这种方式被出售。公共住房也大规模被出售，政府立法授予住户购买所居住房产的权利。另一种私有化的形式是“强制竞争性报价”。这一做法要求公共机构就其所提供的服务接受私人报价，并将合同给予最具竞争力的报价者。以1983年为例，所有的地区医疗部门被要求引入竞争性报价机制来提供清洁、洗衣、饮食等服务。原有的“内部”供应方可能赢得合同，但要想获胜，它必须表现得像是一家私人公司。

其他公共事业无法按照这些方式轻易转为私有。但是，它们可以被要求表现得像是在市场上进行竞争。因此，虽然医疗和教育行业的彻底私有化在政治上无法做到，但是医疗和教育领域内部市场的形成迫使中小学、高校、医院等相互竞争。与此同时，医疗和教育领域（还包括养老保险）的私人机构得到了资金支持和鼓励。整体而言，监狱并没有私有化，但是在20世纪90年代，一些监狱接受私人管理，因此在公共管理和私人管理之间产生了竞争关系。

市场力量复兴的另一途径是去除或减少政府对经济活动的管控。去除管控也有多种形式，比如解除对周日交易的限制、放松计划管控和减少对商业电视的管控。这些措施或许对于金融业影响最大。

过去，金融业的惯例是不同的机构各自管理自己的领域，并维持不同领域的界限。以购房互助机构与银行为例，两者都经营贷款业务，但传统上两者在不同的市场上各自经营，相互并不存在竞争关系。金融功能的界限和行业的界限一样，与新自由主义关于竞争最大化的思想相冲突，尽管在国际竞争的压力下，原有的金融体系正在逐渐解体。伦敦的金融机构正在与纽约等其他金融中心争夺资本。国际间障碍的消除，尤其是1979年汇率管制的废除，使得外国银行有了更多在伦敦开展业务的自由，英国银行同样也有更多到国外经营的自由，这些做法加剧了金融业的竞争压力。我们在第一章曾提到的巴林银行试图利用金融自由进行投资，却造成了灾难性后果。

但必须强调，尽管解除管控的变化确实发生了，却并不存在整体上的解控过程。安德鲁·甘贝尔曾强调，自由经济需要强势政府。市场力量的复兴事实上增加了政府管控。撒切尔夫人执政时代的众多例子足以证明这一点。

如果政府垄断只是被转成私人垄断或者私人公司被允许操纵市场，那么仅仅靠私有化不足以激励市场竞争，因此政府组建了一系列新的管制“办公室”，如燃气办公室、电信办公室和水务办公室等，以管制天然气、电信和水资源市场。

另一方面，工会被认为妨碍了劳动力市场的自由运作，因此被迫接受了前所未有的法律管控。工会组织在20世纪60年代和70年代挫败了工党和保守党政府的改革企图，但到了80年代，它们被迫屈服。现在对工会组织进行管制的法规规定了惩罚性的制裁措施,某个组织一旦违反,不仅会被罚款,而且会丧失资金来源、办公场地,甚至全部资产。80年代,工会遭受了来自政府的沉重打击,尤其是1984年至1985年的矿工罢工由于政府应对有方而遭到失败。罢工之前,政府增加了煤炭储备,并调拨大批警力以阻挠工会的纠缠策略,将矿工送上了法庭。根据珀西-史密斯和希利亚德的统计,共有超过4,000人遭到起诉,主要罪名为破坏公共秩序。

中央政府也对地方政府加强掌控,从而控制整个政府开支,并迫使地方政府进行服务部门私有化。在教育和医疗领域,新的国家机器建立起来,以改善并监督服务质量,提供行业运行的相关信息。事实上,中央政府对地方政府、教育和医疗部门以及工会的控制力,超过了之前英国和平时期的任何阶段,其实国家势力根本没有"回退"。

所有这一切并不仅仅是保守党政府上台的结果,它反映了资本主义发展的新阶段,工党上台后延续新自由主义政策的做法也说明了这一点。必须承认,工党的政策与撒切尔夫人执政时期有所不同,比如引入最低工资,授予工会组织参与工资谈判的权利,将部分铁路改回国有等。但是,最低工资制度只是设立最低水平,而大多数用来管制工会的法规都被保留,私有化进程继续进行而不是逆转。事实上,工党探索了复杂且新颖的方法,通过公私合营的方式,即吸收私人资本和私人管理进入公共事业,将私有化引入新的领域。因此,私人公司接管了"不合格的"学校,甚至"不合格的"地方教育部门,并对其进行管理。

工党的"国民医疗保健服务"计划很好地说明了它的办事方

图7 回退:1984年,政府调用警力挫败矿工

式。尽管工党对保守党引入的内部市场进行了猛烈抨击，并且据说要废除内部市场，但在工党2002年提出的“国民医疗保健服务”计划中市场机制的作用非常明显。病人的选择处于该计划的核心，病人及其治疗医师将最终选择何时何地进行治疗，他们甚至可以选择私立医院或国外医院。由于资金支持将追随病人，医院将承受争夺病人的压力。计划着重强调通过解除集中化、奖励、“根据结果支付”等办法使病人获得更好的服务。

但是，所有这一切对于市场机制的依赖并不意味着是市场而不是国家在掌控“国民医疗保健服务”。国家临床技术研究院将确保医院使用最具性价比的治疗方案。全国服务框架体系将设定治疗的标准。医疗审计与监督委员会，号称“超级医疗管制机构”，将监督医疗服务，对医护信任度打分，并且受理投诉。社会护理监督委员会将规范老年人的护理和照顾。所有这一切，连同其他数百个目标，都被列入了政府发布的“国民医疗保健计划”。

新工党早已偏离了以往的社会主义思想，工党价值观的关键变化显示了偏离的幅度。随着新工党远离传统的社会基础（即工会），它从集体主义转向了个人主义。工党热切关注教育及医疗领域内的消费者选择，也说明了这一点。工党还进行了一些再分配调整，尤其是采取了改善贫困儿童状况的措施，但是在20世纪80年代不断增长的收入分配不公现象并没有得到缓解，事实上收入差异进一步加剧。原先的平均主义再分配机制试图借助政府力量将资源从富人转向穷人，但在工党治下，这种再分配机制很大程度上被一种更富个人主义色彩的分配方式所取代，穷人得到更多发挥他们潜力的机会。重要的是，现在探讨不平等时，指的不再是财富或收入差异，而是指准入资格。正如安东尼·吉登斯所说："新政治将平等界定为**包括在内**，将不平等界定为**排除在外**。"

资本主义的转型

在本章中，我们审视了资本主义的两次转型。关于资本主义，我们能从中学到什么？

第一次转型是从无序型资本主义转变为管控型资本主义，它表明有可能保护民众至少避开市场力量所造成的最糟糕的结果。工作条件可以得到管制，并且工人们可以通过集体组织限制雇主的权力，并协商工资和工作条件的改善。福利成为国家事务，国家将一些关键行业从市场收回，从而使所有公民都得以享受平等服务。政府试图在国家与工会和雇主组织之间达成合作，从而对经济进行管理。资本主义可以得到管制，即使那些尝试这么做的人时常把事情办砸了，他们有时屈服于强大的资本所有者所施加的压力，或者干脆没能兑现他们的承诺。

但是，管控型资本主义所面临的首要问题是，在限制和替换商品及服务的市场供给时，它也在削弱资本主义经济的核心机制。当20世纪70年代国际竞争和经济危机不断加剧，对旧工业社会施加了沉重压力时，管控型资本主义逐渐失去效力。破坏管控型资本主义的另一因素是日渐增长的个人主义，它更强调消费者选择和市场供给。有人呼吁重拾过去时代的价值观和生命力。

第二次转型是市场力量得到复兴，但整个国家并没有"回退"，因为市场机制只有在政府干预和管制的背景下才能运行。事实上，根本不存在某个市场占据统治地位的历史阶段，这样的说法纯属想象，因为在无序型资本主义时期，国家通过维持秩序，在资本主义正常运作过程中起到了关键作用。事实上，在资本主义发展的最新阶段，即重新市场化的资本主义，国家管制大幅度加强已经成为该阶段的典型特征，相比管控型资本主义时期，当前的国家管制范围更广。

重新市场化的资本主义为个人提供了更多选择和更多自由，但也使得生活变得更不确定，工作压力增大，不平等现象加剧。无论是对于消费品、媒体渠道、假日旅游或者学校，不可否认现在有了更多选择。但是，未来变得更为不确定，尤其是民众生活的关键领域，如就业、住房和养老金。生活的不确定性，加上工会组织的弱化，削弱了被雇佣者抗拒雇主的劳动要求的底气，由于日益激烈的竞争以及国家更为严密的管控，雇主要求他们更好地完成更加艰巨的工作。一部分人身陷低工资的职业，面临不确定的未来，一部分人则能够抓住新的机会积聚财富，这两类人之间的差距越来越大。随着管控型资本主义的发展，个人自由曾以换取更多平等的名义被削减，但是在重新市场化的资本主义时期，平等和保障被舍弃了，以换取自由和选择。

尚无迹象显示在不远的将来会发生此类变化，但不能就此认定这就是资本主义发展的最终阶段。如果说此刻市场看起来无懈可击，管控型资本主义在当时也曾是如此。如果说管控型资本主义存在许多弱点和缺陷，重新市场化的资本主义同样如此，因为不平等和不确定性将产生新的缺陷和压力，从而催生变革。而且，正如我们将在第六章中看到的那样，不稳定和一再出现的经济危机一直伴随着资本主义发展的这一最新阶段。重新市场化的资本主义并没有解决资本主义社会的问题。

第四章

全球各地的资本主义都一样吗?

随着管控型资本主义在不同社会获得发展，它采取了不同的组织与制度形式，但在20世纪70年代的危机之后，资本主义的新自由模式在思想和意识形态领域占据了主导地位。这一模式看起来正推动所有的社会朝向新的以市场为基础的统一范式发展。这是否意味着资本主义在世界各地变得一模一样？抑或管控型资本主义的国际间差异一直存在，并保持了资本主义社会的多样性？本章将审视瑞典、美国、日本三种截然不同的管控型资本主义体系的发展与转型。

瑞典式资本主义

在上述三个国家中，瑞典的管控型资本主义更接近英国模式。和英国一样，瑞典有着强势的工人运动、高度发达的福利国家体系以及工业化过程中最少的国家干涉，不过相比英国，瑞典在发展有效运作的管控型资本主义方面更为成功。

瑞典进行工业化时的社会环境与英国相差甚远。瑞典的工业化开始较晚，因为瑞典人口不多，国内市场很小，又没有海外帝国的市场及资源。因此，瑞典工业依赖出口，要想存活就必须具备高度竞争力。事实上，有论者提出，竞争压力迫使瑞典的工会和雇主通力协作，这就解释了“劳工和平”现象，后来瑞典以此现象而闻名。

这种观点不合实际，因为在瑞典工业资本主义的早期发展中存在着激烈的阶级冲突。1909年，瑞典的一场大罢工持续了5个月，而1926年，英国的一场大罢工仅仅持续了一个星期。相比之下，英国的这次罢工更像是一场展示绅士风度的板球比赛。导致1909年大罢工的原因是不断升级的冲突，因为劳资双方都在扩张势力以求压倒对方。在工会中，社会主义者起到了重要作用，在瑞典工业化的特定背景下，他们创造了工人阶级强大、统一的工会组织。瑞典雇主们对此的反应则是建立权力高度集中的全国雇主联合会，它迫使工会也采取相应的集中措施。瑞典社会普遍信奉路德派新教，不存在民族分歧和宗教分歧，个人主义思想的影响力薄弱，这一社会现状或许有利于产生强势的阶级组织，但背后的驱动力还是阶级冲突。

阶级合作源自阶级冲突。强势组织的发展使得瑞典有可能坚定地采取管控型资本主义的统合形式，绝大部分管理被委派给中央组织。20世纪50年代和60年代，英国政府竭力想让全国性的工会组织和雇主承担起限制工资的责任，而瑞典政府却只需把这个任务留给这些组织去主动完成。事实上，瑞典获得“劳工和平”的声誉，主要原因在于这些强大的组织对于其会员所施加的控制。因此，正是瑞典国内激烈的阶级冲突为有组织的阶级合作以及和平的劳资关系创造了条件。

强势且统一的工人组织也为社会民主党从1932年到1976年的长期执政奠定了基础。该党在30年代采取措施缓解了失业压力，并且较早采取了凯恩斯主义的政策，由此奠定了声誉。后来该党还以高税收和累进税制作为资金来源，创建了先进的、广泛的福利国家体系。

国家福利只是工人运动集体政策的一个方面。它还通过“团结一致”政策，努力消除不平等。“团结一致”政策显著缩小了工资差异，在20世纪60年代和70年代，高收入者和低收入者的平均水平差距减少了一半。在70年代，政府还广泛立法，保护劳动者在劳动场所的权利，使其在公司政策制定时获得发言权。这样的政策并非仅仅出于意识形态需要，还是社会民主党策略的一部分——通过在包括工人阶级和中产阶级在内的全体员工中建立共同利益和身份，以增强工人运动的组织性和政治力量。

所有这一切并不意味着社会民主党统治下的瑞典正变成非资本主义社会。工人运动的领导者意识到，福利不仅仅取决于社会主义思想和工人阶级组织的力量，也取决于处于动态变革之中的资本主义经济体的运作，它必须能参与国际竞争，并扩大国内市场的容量。瑞典经济政策的核心原则之一就是无法赢利的公司应该被准予破产，它的资源从而可以被转移到其他能够赢利的经济部门。在这方面，瑞典工人相比英国同行受到的保护更少；在英国，政府会介入并拯救陷入困境的公司。而且，工会控制的劳动力市场政策并没有保护工人待在同一工作岗位，而是对其进行再培训，帮助工人变得更具流动性。

瑞典的经验表明，社会民主党创立的福利资本主义制度切实可行，瑞典回避了撒切尔主义这一事实也证明了这一点。20世纪70年代，瑞典的工业冲突加剧，并面临着经济危机。事实上，当时个人主义思想在瑞典势力渐长，并且在政治上转向右翼，1976年至1982年间出现了六年的“资产阶级”政府，这一切看似与英国的情况相近。但是，瑞典的右翼早已分裂为三个党派，无法有效合作以执行撒切尔式的转型。随后社会民主党重新执政，经济形势也开始好转，这一切似乎表明瑞典模式经受住了考验。

这不过是幻觉，因为瑞典模式最核心的统合协作现在已经处于崩溃状态。中央集权化的组织造成了自身内部的紧张关系，不仅在中心与边缘之间，而且在劳动力的不同部门之间也是如此。随着白领和公共部门员工人数的增长，中央集权的工会组织不可避免地将这部分人员也包括进来，由此产生了各种强大的组织并相互竞争，而瑞典式的工资协商所采取的集中化结构无法控制这些竞争，甚至可以说反倒加剧了竞争。集中式的工资协商耗费更多时间,变得更复杂,冲突更多。在这个过程中,瑞典的雇主们彻底疏离了中央合作制度。

另一些变化同样造成了他们的疏离。在20世纪60年代,工人们对瑞典不断变革创新的资本主义制度对于他们的工作岗位与工作条件所产生的冲击非常不满。业已消沉的激进主义重新浮现，要求在工业及经济领域内实现更多民主。这一思想在别出心裁的麦德纳计划里体现得最为淋漓尽致，它试图将工业所有权逐步从私人资本手中转移到由工会所控制的基金名下，不过最终立法通过的版本经大幅度篡改，失去了激进本色。社会民主党的领导层不想破坏推动瑞典经济增长的资本主义引擎。不过，这个计划还是对工人组织与雇主间的关系造成了严重破坏。

建立于20世纪30年代的劳资双方争端解决机制就此终结。在80年代,主要的雇主组织展开了一场大范围的反击,重新提倡个人主义及资本主义社会的价值观。为去除工资协商中的集中化方式,回归个人主义,雇主们发起了一场运动。1990年,雇主们最终退出了曾经帮助缩小工资差异的集中式工资协商。他们的策略从以统合的方式在政府机构中体现他们的利益转为更多使用政治影响和游说。统合主义在瑞典逐步瓦解，不过与英国的情况不同，这一转变在瑞典是由雇主们而不是由一个资产阶级政党完成。

20世纪80年代后期，当瑞典政治朝新自由主义方向发展时，瑞典社会已经出现了有限的重新市场化。福利资本主义制度催生了大规模的公共事业、高额的公共支出、高额的政府财政赤字以及具有通胀倾向的工资协议，这些显然减弱了瑞典的竞争力。商业领袖们警告说，除非做出改变，否则他们将不得不将业务迁出瑞典，而社会民主党的领导层也意识到，工业竞争力正在减弱。汇率控制被解除，金融市场管制被取消，私人资本被引入国有行业，地方政府的服务越来越多地由商业机构提供，福利和政府开支被削减，税收更多地改为间接税的形式。

20世纪90年代早期，大难来临。80年代累积的经济危机终于到来，国民生产总值在1991年至1993年间减少了5%，而失业率则蹿升到自30年代之后从未有过的水平。社会民主党无法应对危机，于1991年大选时落败。随后开始了由瑞典最右翼政党执政三年的“资产阶级”政府。这意味着进一步削减福利，并在社会服务方面引进更多的市场机制。当社会民主党于1994年重新执政时，也不得不削减福利开支以应对高额的政府赤字。在20世纪80年代，许多人认为瑞典的例子证明，社会民主党的选择依然是可行的，但是90年代初的情况似乎说明，这一选择行不通。

关键问题是怎么来比较。如果将21世纪初的瑞典与20世纪60年代和70年代的瑞典相比，那么毫无疑问，强调集中化合作、福利资本主义以及促进平等的“瑞典模式”已经衰落。和其他社会发生的情况一样，在20世纪80年代，瑞典开始出现越来越多的不平等状况。但如果将瑞典的资本主义与同时代其他地区的资本主义制度相比较，你会发现有许多非常重要的差异，其中一部分差异还在加剧。

集中化的工资协议不复存在，但取代它的是雇主与工会团体间达成的行业性协议，这表明瑞典的工资协商依然是经过高度协调后达成的。工会入会率已经下降，但在国际范围内依然高得惊人。2003年初，有81%的员工加入工会，与之相比，英国在近几年的入会率只有约30%。瑞典与英国之间的差距事实上在拉大，因为英国的入会率下降速度远远超过瑞典。

瑞典的福利国家特征依然鲜明。经济合作与发展组织对于国家福利的总体测算显示，1981年，英国与瑞典大致处于同一水平，随后在80年代，随着英国对福利进行大幅削减，而瑞典尽管有所削减，但大体保持原状，两国间拉开了巨大差距。杜文·斯旺克回顾了近期关于瑞典福利国家制度所做的研究，他的结论是，“瑞典的福利国家制度与其他奉行新自由主义政策的国家的制度相比，即使有重合之处，也不会有很多”。

而且，瑞典的做法没有遵循新自由主义模式，却与本国的经济复苏和切实可行的资本主义制度相适应。20世纪90年代初，瑞典的确经历了艰难的经济危机，但此后经济就开始复苏。失业率从90年代初的超过10%降到2001年的4%。2002年经济合作与发展组织所作的“瑞典经济调查”得出结论，“总体而言，经济运行良好”。

那么，关于资本主义，瑞典的例子究竟告诉了我们什么？它表明，在某些情况下，资本主义所产生的劳资冲突可以为集中化的阶级合作以及统合管理与福利资本主义的运行体系提供基础。它还表明，这样的体系最终无法抑制劳资双方之间以及不同产业劳动力之间的冲突，最终这些冲突将导致该体系的瘫痪。日渐激烈的国际竞争和全球经济一体化使得这样一个高成本的体系无法维持。资本主义经济危机被推迟，但无法避免，瑞典在**一定程度上**不得不遵从国际性的新自由主义趋势。但是，所有这一切并不意味着，在管控型资本主义时期所建立的结构和制度都将消失。瑞典式资本主义的复兴并没有消除它的集体主义特色，这一特色保持至今，并且证明它可以与经济增长相适应。

美国式资本主义

美国式资本主义具有鲜明的个人主义特色，就意识形态和组织形式而言，处于另一个极端。美国的工业化发生在一个权力分散、个人化的社会里，这里的民众普遍相信，依靠进取心和积极性能取得成功。美国不存在贵族阶层，18世纪的美国革命所确立的政治和民事权利激励了这样的信念。工业资本主义的兴起确实导致了工会的出现，但这些主要是只关心自身利益的手工匠人的组织，它们不关心阶级组织或者整个社会的社会主义式转型。

在这种背景下，商业股份业公司取得了繁荣，孕育出公司型资本主义，而不是统合型资本主义。在其中，商业股份公司，而不是阶级组织，起到了主导作用。巨大的美国国内市场支撑着大型公司的发展，到了19世纪晚期，相比其他国家，美国产权集中化的程度更高。起初，集中化采取“水平”兼并的形式(比如洛克菲勒家族的标准石油公司)以操控市场。但是，到了20世纪，成为主宰形式的是“垂直”一体化公司，它将一个产品生产和销售过程中的各个阶段都集合在一起，从而在竞争中确立牢固、稳定的地位。

美国是“管理革命”理论的发源地，第三章对此已作过简略讨论。阿尔弗雷德·钱德勒令人信服地提出，美国公司的经理们在公司发展期间被允许“将工作进行到底”，这很大程度上源自他们杰出的“组织才能”，尽管这种说法低估了公司所有人的权力。钱德勒将美国式管理与英国公司的所有制作了比较。美国公司总是将利润用于进一步投资与发展，而英国公司的产权方式更为个人化、传统化，它们更关心股东的分红，而不是长期投资。

与商业公司的集中化相呼应的是美国工会理念的鲜明特色。这主要是一种“商业工会理念”，它关心的不是社会转型，甚至也不是作为整体的劳动者的集体利益，而是为工会成员争取最有利的合同。这不仅意味着高工资，而且也包括额外福利，如带薪休假、保险和医疗。二战之后，这种理念更为明显。商业工会理念不仅反映了商业股份公司在美国的主导地位，而且也折射出美国工人阶级内部的分歧。美国工会理念代表着白人男性劳动者的利益，它被富有阶级意识的、体现社会主义思想的欧洲工会视为一种叛离形式。美国的工会入会率在巅峰时也仅仅只有1/3，到了20世纪50年代已开始下降，尽管在20世纪50年代和60年代，工会还能做到按照会员的意愿行事。

正如附加福利的重要性所显示的那样，一些在欧洲由政府负责提供的福利，在美国则是由公司提供。的确，“福利资本主义”一词，通常被用于描述不断变革的资本主义制度与先进的福利国家制度的结合，但是在美国，它指的却是公司的福利措施。这并不是说，美国不存在国家福利的发展，但美国的国家福利仅仅为穷人提供零星的保护，真正的福利则是公司或个人的责任，并由私人服务通过市场机制完成。

如果认为美国的个人主义思想和自由市场意识形态将国家

排除在经济生活之外，这种想法同样是错误的。恰好相反，商业公司的垄断倾向意味着，如果想要维持竞争并保护消费者利益，那么经济生活就需要管制。19世纪晚期，“反托拉斯”运动出现，1890年的《谢尔曼法案》宣告任何“限制贸易或商业”的行为或组织非法。这并没有阻止拥有强大实力的公司继续发展，但这些做法的确造成了一定的影响，尤其是迫使标准石油公司解体，并且也产生了一整套具有美国特色的专用于反托拉斯立法与执法的国家机器。国家介入经济生活的原因，并不是像欧洲那样为了阶级斗争，而是为了维护竞争。

20世纪30年代，美国的政府干预看起来更接近欧洲的做法。为了应对大萧条，富兰克林·罗斯福的“新政”设立了雄心勃勃的救济和福利方案，并最终采取了凯恩斯主义的经济政策。“新政”与大公司在以下几个方面陷入了严重冲突：“新政”的税收提案、“新政”提供的廉价电力供应（部分通过国有的“田纳西流域管理局”）、“新政”继续对垄断趋势进行的“反托拉斯”攻击与“新政”立法保护工会的举措。

政府授予工会组织和集体协商的权利，政府还组建了“全国劳动关系委员会”以贯彻这些权利。随着“产业组织委员会”确立了更具包容性的工会理念，并对美国的大规模生产行业加以组织，在1933年至1938年间，工会成员人数增加到原来的三倍。1938年，政府通过进一步立法，对工资和工作时间进行管制，并保护弱势团体。

美国政府的联邦制，以及权力在总统、国会和最高法院三者间的分割，给了反对派许多机会阻止或妨碍“新政”措施。此外，虽然“新政”推出了一大批机构和方案，但是它缺乏一致性，至少与欧洲各国更具意识形态色彩的方案相比缺乏一致性。“新

图8 “围绕着罗斯福”：“新政”遗留的机构围着他跳舞

政”依赖罗斯福以及一大批改革者和管理者所付出的辛苦努力与精力，他们具备良好的意图和充足的动力，但是缺少一个改革派政党来支持“新政”，并将“新政”推向前进。作为罗斯福的政治基地，民主党的确与工会结成了同盟，并支持国家福利方案，但它并不是“工党”，党内有些人对工会和“新政”持有敌意。

1947年颁布的塔夫特–哈特利法案大幅度削弱了工会的力量和权力，从而部分地废除了20世纪30年代对劳工有利的立法。国会不顾罗斯福的继任者哈里·杜鲁门的反对，通过了塔夫特–哈特利法案，这也说明了缺少政治臂膀的工人运动的弱点。在20世纪50年代，美国的工会组织已经面临着对于它们行为的种种限制，而英国的工会直到80年代才遭遇类似限制。

在其他方面，“新政”之下的管控型资本主义在20世纪50年代和60年代继续运行。30年代引入的社会保障立法和福利方案在50年代和60年代进一步扩展，特别是给予了穷人和老人享受免费医疗的福利。一直到70年代，在理查德·尼克松的总统任期内，联邦政府才开始尝试对价格和收入进行控制。赤字财政继续推行，不过不仅仅是因为凯恩斯主义经济学成为新的信条，而且也是因为二战和随后的冷战造成了巨额的军费开支。工业领域中相当一部分部门的赢利能力，以及劳动力的就业和收入，取决于政府开支。在美国，由政府引导的产业政策并不受人欢迎，但正如戴维·柯茨所说，军事与工业联合体的创建事实上就是这样一种政策。商界反对政府干涉，却接受政府资金。

尽管美国工业相比英国工业更具竞争性，但在20世纪60年代晚期和70年代，美国工业同样陷入了困境，原因在于沿袭的僵化体制和加剧的国际竞争，尤其是来自日本的竞争。美国的工会组织理念、国家福利、国有产权都处于低水平，这意味着相比英国，美国所面临的转型压力较小。美国向撒切尔主义的转变已经完成了一半，但还是有一半路要走。美国同样经历了一段转型过程，尽管速度较慢，并且一路上不断停顿，偶尔还走回头路。

在20世纪80年代和90年代，美国社会同样经历了重新市场化。凯恩斯主义被废弃，政府开支被削减，一部分工业被解除管制，一部分服务改为私有化，国家福利也被削减。20世纪70年代的通胀使凯恩斯主义政策名声扫地。80年代初，里根政府试图通过同时削减税收和政府支出来刺激市场，不过利益集团抵制对政府开支进行削减，并且减少预算赤字是一个缓慢的过程。航空业率先解除管控，这标志着与“新政”所倡导的行业管制传统相决裂，随后铁路、公路货运、电信、电力等行业纷纷解除管制。铁路的国有部分，以及许多国营的地方服务机构和监狱，都转为私有。一项“从福利到工作”的方案成为了英国新工党效仿的对象，它限制了福利支付的持续时间，并迫使接受者从事低收入的工作。

和英国的情况一样，这些变化伴随着劳动力剥削的进一步加剧：工作强度加大，实际工资降低，工会力量削弱。20世纪80年代，工人们的工作时间延长，实际工资以每年1%的速度下降。工业企业将工厂向南方迁移，从北方的“旧工业地带”转移到南方的“阳光地带”，随后又进一步南移到墨西哥，以寻求更为廉价的劳动力。原有的精英主义的“商业工会”关心的是满足其现有会员的切身需要，如今这些工会要么在组织新的劳动力时遭到失败，要么干脆就无法（在墨西哥）进行组织。到2001年，工会入会率降到只占全部劳动力的13%，这是一个相当低的数字。不平等现象加剧，过着贫困生活的劳动者从20世纪70年代的约2,500万增加到2002年的约3,500万。

随着20世纪初的“管理革命”遭到逆转，在管理层也发生了同等重要的变化。资本流动性加强，股票市场投资变得普遍，金融服务业得以扩展，这些变化使公司的市场估价变得更为重要。根据近来流行的“股东利益”信条，企业管理的目标不再是对未来进行投资，加强公司建设，或平衡各方利益，而是通过增加利润以达到股票价值的最大化。作为对提升公司股价的奖励，经理们得到了股票期权，以激励他们进一步努力。一定程度上，管理革命曾将管理层与公司所有人分离开来，但现在他们日渐成为了公司所有人的一部分。

从20世纪80年代中期到90年代晚期，对劳动力的进一步剥削以及对股东利益的强调，提高了公司利润。经济有所增长，但并没有持续太久。经济增长的大部分动力来自信息和通信技术的迅速发展，但技术繁荣终究会停止。到90年代晚期，出口减少，经济增长依靠国内消费需求的增长来维持，而这部分需求的资金来源于一股借贷消费的热潮，它注定无法长期维持。公司及投资者对于股票价格的痴迷孕育出一种泡沫心态，它推动价格上涨到与收入和利润不相匹配的水平，造成民众对于他们的财富产生了错觉，随后当泡沫破灭时又突然将他们打回原形。不顾未来发展只盯住短期股价的做法，导致安然和世通公司以及华尔街先后闹出金融丑闻，这些丑闻影响了投资者的信心，一味追求股东利益的行为也遭到了质疑(参见第六章)。

20世纪90年代，业界对于美国模式的优点充满信心，如今这些信心业已基本消散，未来充满不确定性。更多的政府开支，以及在伊拉克不断增长的军事费用和重建开支，加上税收削减和更低的利率，或许能抑制经济衰退，甚至促进部分经济复苏。但是，出口减少，政府开支增加，国内消费居高不下，这些情况造成了高额的国际债务、公共债务和私人债务。这些债务，连同更高的失业率和上升的贫困率，为将来的危机埋下了隐患。

从一开始，美国资本主义的特征就是信奉个人主义和市场力量，但是美国资本主义的发展，和其他地区的资本主义一样，造成了劳动力的集体性组织、公司的集中化以及大范围的国家管制等现象。美国的管控型资本主义不同于英国和瑞典的同类制度。在美国，集体组织的影响范围较小，国家福利不够普遍，反托拉斯立法更为发达。但无论怎样，美国的确经历了这一阶段。

美国资本主义的当前阶段反映了其历史特性，但它不仅体现了美国资本主义所拥有的某些特点，它也是美国社会自20世纪70年代危机之后重新市场化的结果。相比世界其他地区，美国资本主义在重新市场化的过程中所遭遇的阻力更小，阻挠更少，并产生了更强势的经济增长，但与此同时美国也出现了最终破灭的经济泡沫，并造成了严重的经济与社会问题。近期出现的经济复苏看起来很脆弱，美国经济在20世纪末的成功很可能会引发21世纪初一场新的危机。

日本式资本主义

日本式工业资本主义从一开始就属于管控型。到19世纪中期，日本已经是一个高度商业化和企业化的社会，但是还没有实现工业化。在19世纪的明治维新之后，工业化作为整个国家战略计划的一部分由政府引导进行，其目的在于建设一个强大、独立的国家，能抵抗正在入侵日本的西方列强。西方的个人主义和自由主义对于一些知识分子和政策制定者来说颇具吸引力，但对于日本的新统治阶层来说则相当陌生，这些统治阶层的成员都是民族主义官僚，接受的是日本式的儒家教育。

新政府实现日本工业化的最知名的办法之一就是建立样板国有企业，但这些企业并非总能获得成功。一些企业，如八幡钢铁厂，对于工业化过程起着至关重要的作用，但另一些则管理混乱，效率低下。因此，正如弗兰克·提普顿所指出的，国有棉纺织厂选择进口只能带动2,000个纺锤的水力机械，却没有投资购入能带动10,000个纺锤的蒸汽动力机械，后者可以由技术熟练程度相对较低的工人来操作。国有企业陷入困境，到19世纪80年代，政府只得将那些不具备军事意义的企业改为私有。

但是，私有化并不意味着日本的工业可以被视为独立的私人公司。日本工业化的特征之一就是出现了被称为"财阀"的大型企业集团。有四大集团:三菱、三井、住友、安田。这些集团均为家族所有，家族通过控股来对其加以控制。在所有的工业社会都出现了公司集中化，但在日本，这一过程采取了一种特殊形式，每个财阀的经营范围几乎涉及日本的整个工业，它们拥有自己的银行，有营销自己产品的贸易公司。财阀与政府关系密切,到最后还为政府完成重要的殖民掠夺。

样板企业并非政府推动经济发展的最主要方面。政府消除了原本可能妨碍经济发展的封建障碍与限制，创造了一个现代民族国家。日本首次成为统一的国家，对铁路和船运业的大笔资金投入改变了交通的方式。造船业也同样得到大量资金投入,到1939年,日本的船舶产量仅次于英国。国家还创立了银行体系，对投资和贸易提供资金支持。起初日本尝试了美国式的私人银行，但随后改为创办欧洲式的央行和专业银行，以满足经济不同部门的需求。

最终,政府保持了日本的经济独立。日本曾引入许多外国专家，但他们随即被新式教育机构所培养的本土技术人才所取代。在日本成为强大的独立国家之前，外国资本一直被摈除在外。事实上,是日本的农民阶层负担了日本现代化的主要成本,他们所缴付的土地税最初占到政府收入的3/4。日本也开始建立海外帝国,以求获得受保护的市场及原材料。

日本是19世纪唯一成功进行工业化的非西方社会。它创造了特色鲜明的管控型资本主义，在其中政府扮演指导性角色，而公司的集中化采取了涵盖整个经济体的工业集团形式。另一鲜明特征是劳动力组织的软弱。事实上,工人们试图组织起来,并在工业繁荣、需要大量劳动力的一战期间取得一定成功,但工人的努力遭到了雇主的强烈反对和政府的镇压。国家福利也不发达，部分是因为雇主宁愿采取公司福利机制，将工人与公司结合在一起，从而使工人脱离工会组织。

二战之后，日本经济的上述特点得到进一步发展，当时日本的发展机器开始启动，使日本成为世界第二大经济强国。查尔莫斯·约翰逊指出，战败消除了军事干涉和财阀的阻碍，事实上加强了国家引导经济发展的能力。财阀先是解体，后又重建，这主要是因为冷战导致以美国为主的占领政府改变了它的政策。和德国的克虏伯公司一样，三菱财阀如今变为了反共资源而不是法西斯的供给来源。重要的是，财阀的重建在日本通商产业省的支持下进行，该部门专职负责制定日本的产业政策，它利用财阀对贸易、货币和投资的控制来发展未来的产业。

重建后的财阀与其他相似的企业集团一起发挥了重要的经济功能。由于覆盖整个工业，它们为跨越行业界限提供协调，但它们也参与激烈的竞争，这些竞争刺激了生产率的提高，增强了日本的国际竞争力。它们可以采取以扩大市场份额为目标的长期政策，因为它们的重建建立在相互控股的基础上，并且由银行提供资金，从而缓解了股东们的压力，不必过分追求分红。这也意味着它们得到了保护，以免被国外资本或恶意收购者强行收购。此种所有权模式与公司内部的紧密结合有关，因为日本公司可以顾及员工利益，而不是寻求股东分红的最大化。

在美国占领日本的前几年，工会组织迅速发展，这一事实说明，日本的工会组织由于文化原因而没能壮大的说法并不正确。1946年1月，日本共有90万工会成员，但到了1949年6月，会员人数超过了650万。形成鲜明反差的是，即使在战前最高峰的1936年，工会也只有42.1万会员。起初，工会组织得到占领政府的鼓励，被视为“民主”组织，但在占领政府的政策从反法西斯转为反共的历史大背景下，工会的迅猛发展遭到来自雇主和政府两方面持续、猛烈的攻击。但是，很快雇主的策略就发生了改变，不再试图解除工会，而是用温顺的“企业工会”取代它们。在1953年的“日产之战”中，日产公司得到了日本雇主联合会的支持以及银行的金融支援，它挑拨原有工会举行罢工，随即采取停工的方式将工会成员排除在外，并建立起自己的日产工会，工人们只有加入新工会才能重新得到工作。随后企业工会成为常态。

日本公司与员工的结合度很高，这一点成为日本公司得以击败西方竞争对手的优势。公司提供终身的就业保障，工资随着工作级别和年限不断增长，提供各种福利，有时还提供住房。作为回报，雇员必须努力地长时间工作，如果公司有需要，雇员必须放弃周末和休假。其他结合措施还包括：公司内不存在地位区分，员工穿着公司制服，工人们与经理们在工作及休闲期间相互交流。与西方公司相比，日本公司内的收入差别非常小。

一部分员工与公司紧密结合在一起，代价是其他人被排除在外。合同工、临时工、女工，这些人受制于他们的身份类别，无法享受终身福利和所有随之而来的好处。这种情况也存在于那些依附于大企业的小型公司，它们与大企业签订了转包合同。与西方工业社会相比，日本小公司为大企业所做的工作更多。小公司是经济冲击的吸收器，大企业可以根据需求，控制劳动力人数，从而顺利度过经济震荡。在日本，与公司高度结合的终身制员工作为精英阶层，与那些可有可无的边缘雇员之间界线分明。

日本的福利体系中有一套极其重要的关联体系，在高度结合的制度框架内运作。日本只有基本的福利国家制度，这使得工人们高度依赖公司的福利机制，并强化了他们的服从性，但与此同时，国家福利的欠缺也促使日本民众未雨绸缪，为将来而储蓄。个人储蓄进入由通商产业省所控制的邮政储蓄体系，随后通商产业省又引导这笔资金投入它所选中用以投资的行业。

不可否认，日本具有成功的资本主义制度，其特性完全不同于我们所讨论过的其他资本主义制度。福利国家制度是瑞典式资本主义必不可少的一部分，但在日本模式中，福利国家制度的缺失却至关重要。国家的指导作用是日本经济的鲜明特点，一些评论者呼吁西方政府制定类似的产业政策。日本的公司所有权和银行资金模式与英美的股市模式形成反差。日本公司对于员工的掌控甚至比美国公司更为彻底，在美国，工会更富战斗精神。日本的公司福利也涵盖更多方面，罗纳德·多尔曾将日本式资本主义描述为另一层意义上的"福利资本主义"。

与我们所讨论过的管控型资本主义的其他体系一样，日本式资本主义在20世纪60年代晚期和70年代遭遇了困境，同时日本也承受了巨大的、持续的外部压力，被要求对外开放进行贸易。70年代初，中美恢复外交后，美国改变了对日本的看法。此时日本不再是对付东亚共产主义的堡垒，而是一个系统地采取不公平贸易手段的工业竞争者。尽管日本找到办法，用非关税壁垒替代关税壁垒（例如宣称英国的"兰翎"自行车不安全），但对于进口商品和资本的限制还是逐渐放开了。通商产业省的控制工具解体后，它不得不更多依赖在工业领域内发挥余热的退休官员所组成的广泛网络进行"行政指导"。

但是，日本在应对20世纪70年代出现的问题时，并没有放弃它原有的制度，就此走上新自由主义之路。为了维持经济增长和国际竞争力，日本将增长所积累的资本投到国外，利用更为廉价的劳动力建立海外业务，主要是在东南亚，但也包括欧洲、美国以及澳大利亚。通商产业省开展了一项新计划，发展以知识为基础的未来产业，日本很快成为世界领先的微晶片生产商。日本工业的竞争力如此强大，以致整个20世纪80年代美国对日本一直处于巨额贸易赤字，不过日本对于美国债券的投资将日本的一部分收入重新输回美国，为背负巨额赤字的美国经济提供了资金支持。

20世纪90年代初，所有这一切都变了。股票及土地价格涨到难以维系的水平，经济泡沫就此破灭。股市崩盘之后，紧随而来的是经济滞胀与高失业率。日本陷入了恶性的通货紧缩循环。随着失业率攀升，未来变得更加不确定，民众将更多的钱用于储蓄，消费者需求下跌，经济增长随之进一步衰退。问题不在于出口市场，许多日本公司在出口方面依然很成功，问题在于国内市场。政府应对危机的办法是增加政府开支，降低利率，但它们发现经济增长机器很难再度发动。

曾经促进发展的制度开始遭到批评。终身雇佣制被视为“僵硬的做法”，它妨碍了劳动力市场的自由运行，也使得公司难以削减员工。工业集团内部相互控股的做法也遭到批评，批评者认为这样做支持了那些亏损企业，也阻碍了新的资金从国外流入。银行被认为与工业集团关系过于密切，因此无法终结那些亏损企业。的确，许多银行陷入了严重的麻烦，因为它们贷出了太多资金给那些无力还债的投机者和经营失败的公司。经济增长不稳定，公司、银行、政党及官僚之间的腐败关联被揭露，这两方面因素使得“发展型国家”模式难以为继。在日本国内外都有人呼吁日本转向市场模式，他们声称，全球化的压力难以避免。

因此，日本处于日益增长的压力之下，它被要求允许资本更多地流动，解除对金融市场的管制。外国资本进入日本，一些挣扎中的日本公司被外国竞争者收购，如雷诺收购日产并进行资源重组。1996年，日本对银行与金融业解除管制，这被认为具有“大爆炸”式的影响，它给予日本资本更多自由，也方便了外国金融机构进入日本。之后，随着一些脆弱的机构失去保护，一系列的破产与资源重组开始了。然而，“大爆炸”一词并不确切，事实上出现的是一个缓慢的、不彻底的执行过程，根本无法与发生在伦敦的“大爆炸”相比。人们达成的共识是日本必须做出调整，而不是必须顺从。

日本式的制度能保留吗？在近来关于这些话题的讨论中，罗纳德·多尔按时间顺序记录了这一逐步变化的过程：主要的日本雇主联合会反思终身雇佣制，通过立法加强股东权力，努力构建与经营表现挂钩的薪酬体系，以及采取一些自由化的解除管制的做法。但是，多尔也多次就一些问题作出评论，包括：变革不够深入，变革遭到抵制与反抗，以及具有如此多内部关联的体系难免具有惰性。

事实上，日本最引人瞩目之处就在于它的稳定性，包括政治稳定性和经济稳定性。在20世纪90年代早期，看起来似乎自民党对于日本政坛的长期统治正在动摇，新的政治选择正在出现，但主要的反对党日本社会党当时却与自民党组成同盟，后者借此保住它的统治地位。之前惊人的经济增长速度没能保持，日本在90年代经历了许多经济磨难，特别是更高的失业率，但它当前的失业率依然低于经济合作与发展组织的平均值。世界第二

图9 卡洛斯·高斯恩，来自雷诺的日产公司首席执行官，宣布关闭工厂，1999年10月

大经济体免于遭受破产，尚未陷入萧条。如果你曾经经历过大规模经济增长，并且享受着很高的生活标准，滞胀或许并不是一个坏选择！人们不妨期待这一稳定性会将日本的制度保留下来。

要求日本社会市场化的压力或许也在减弱。20世纪90年代，股东式资本主义（当然是仿照了美国模式）一度大获成功，但正如之前提到的，在安然和世通公司的审计丑闻后，现在这一切笼罩上了一层阴霾，而在90年代晚期的泡沫破灭后，美国经济则显得很脆弱。那些试图抵制日本经济自由化的人现在有了证据来反击那些一直施压要求日本进行自由化转型的人。

趋同？

我们已经审视了管控型资本主义的三种国家体系的形成过程，它们各自有着特色鲜明的组织与制度。在这三种体系中，资本主义工业化都产生了阶级组织和阶级斗争，政府也都尝试来管控资本主义社会的问题。三种体系各自创立了自己的“福利资本主义制度”，不过各个社会对这个词的界定不尽相同。

尽管每一个体系看似都以自己的方式解决了资本主义存在的问题，但三种体系都面临着20世纪70年代以来日渐严重的困境，部分原因在于世界经济出现的变化，但另一部分原因则在于它们各自的制度所造成的问题。三种体系都遭受了压力，迫使它们放弃管控型资本主义的做法，进行改革，允许市场力量获得更多自由。

这一切是否导致了各国间差异的减少？现在是不是只有一种征服一切的资本主义制度，而不是形形色色的资本主义制度并存？有充分证据表明，各国间差异继续存在。三种体系的确朝着相近的方向发展，但这一事实并不意味着它们就此趋同，它们并没有彼此靠近。如果三个人间隔一米站立，每个人向右移动一米后，他们之间的距离还是和以前一样！

必须抗拒三种体系不可避免地将趋于相同这样的想法，不仅因为这种想法是错误的，还因为它剥夺了我们的选择。这并不意味着，人们可以挑选自己所选中的任何类型的资本主义制度，因为每个社会的现存制度限制了人们的自由选择；事实上这意味着人们可以努力推动他们所处的特定的资本主义制度朝向他们认为合适的方向发展。认为市场力量不可避免地并且越来越多地在资本主义社会里压倒政治，这样的观点缺乏证据支持，因为对于多种资本主义制度的比较研究表明，这些截然不同的组织和制度结构在重新市场化之后依然存在，并且与运行中的市场机制完美匹配。

第五章

资本主义是否已经全球化?

"全球性资本主义"一词已经变得很平常,有很多证据表明,现在的资本主义组织形式建立在全球基础上。每天有巨额资金在全世界范围内流动。公司不再是只在一个国家生产,并出口到其他国家,而是在相距甚远的不同国家进行生产。商品与服务市场,以及资本与劳动力市场,在许多方面也已经全球化。现实生活中的确存在全球性资本主义,它影响着普通民众的生活,但也有许多神话和这个概念联系在一起。我们将在本章对现实和神话两方面进行考察。

全球性资本主义:新与旧

第一个神话:全球性资本主义是新事物。几乎从资本主义形成起,它就已经传播到了全世界。15世纪和16世纪的航海者最先发现了从欧洲到其他大陆的航海路线,商业资本主义很快就跟着起航。东印度公司将亚洲的产品带给欧洲消费者,同时将欧洲制造的商品带到亚洲。大西洋贸易三角则将商品从欧洲运到非洲,从非洲贩卖奴隶到美洲和加勒比海,并从欧洲带回糖、朗姆酒和棉花等产品。

但是,直到19世纪出现交通革命之前,贸易行程非常缓慢,时断时续,充满危险。交通方式的变革影响深远,足以与我们刚刚经历过的那次变革相比。蒸汽动力的火车和轮船不仅加速了行程，还使商品和人群得以在世界范围内有规律地、安全地进行大规模流动，不受天气影响。电报的发明意味着消息不必再通过人或鸽子进行传递，在埋下海底电缆之后，伦敦的消息可以在4天内到达澳大利亚，而原本通过海上邮件传递需要70天。后来发明的电话第一次使全世界范围内的即时通讯成为可能，从而"消灭了距离"。

19世纪还出现了有组织的全球经济体。其核心原则是在一小部分生产国和世界其他国家及地区之间进行国际劳动分工，后者为前者的产品提供市场，并提供前者无法生产的食物和原材料。资本在国家间自由流动,但局限在金本位制的框架里,自从1870年之后，金本位制通过将各国货币的价值与黄金的比值固定，起到了管制各国经济间关系的作用。这一作用一直持续到20世纪30年代,在大萧条的压力下,金本位制才逐渐瓦解。

此类全球性经济体在帝国内部组织而成，而帝国则是处于其核心位置的民族国家的延伸。这些帝国所采取的形式不仅包括侵占殖民地，还包括建立影响圈，从而分割那些没有处于直接殖民控制下的地区。欧洲率先建立了海外殖民地，美国也在太平洋地区及拉美建立起非正式的帝国，到了19世纪的最后25年,日本开始仿照欧洲模式,在海外占领第一批殖民地。在国际竞争及20世纪初的经济危机的压力之下，整个世界被帝国界线分割得越发支离破碎，每个殖民国家都努力保护它的海外市场和供应。一战后,全球经济一体化的进程事实上被逆转了。

二战后,帝国体系开始瓦解。新的金融与生产中心出现在旧工业国的直接控制范围之外。贸易不再局限于国家/帝国之内，常常跨越国界。资本和劳动力都开始更为自由地跨越边界。全球性资本主义或许并不是新鲜事物，但它显然已经发生了转变，进入一个罕见的充满活力的阶段。

全球制造

虽然国际劳动分工变得普遍，雇佣劳动主要还是集中于工业社会。在第三世界的矿场、种植园和商业化农场当然也存在雇佣劳动，但在当地人的收入中，雇佣劳动所得并非全部，它通常与其他挣钱方式（如个体农业或贸易等）结合在一起。按照戴维·柯茨的估算，在这个新时代，资本对劳动力的追寻造成“世界无产阶级”的人数在过去的30年里翻了一番，达到约30亿人。

资本主义生产扩散的主要载体是跨国公司。在20世纪的最后25年里，跨国公司取得了迅速发展，从1973年的7,000家增加到1993年的26,000家。1985年之后，跨国公司对于海外业务的投资迅速增长。虽然大部分投资进入了其他工业社会，但在20世纪90年代，跨国公司在发展中国家的投资飞速增长。

最能说明这一过程的例子就是墨西哥被称为“边境加工厂”的制造业工厂的发展。这一业务始于1965年，当时墨西哥允许在距离美国边境10英里的范围内设立工厂，这些工厂的原材料和零部件进口免税，条件是制成品必须出口。1993年的《北美自由贸易协定》消除了剩余的贸易壁垒，这些工厂随后加快了发展。美国、欧洲，最终连日本的资本都加入进来，利用墨西哥廉价的劳动力，沿着美墨边境线建立了数以千计的制造厂和装配厂，主要从事车辆、电子和纺织行业。每天经理们从自己位于美国的家中开车去上班，而没有汽车的工人们则从棚户区由大巴车送去工厂。

劳动力在当地很廉价，不仅因为劳动力供应很充足，而且因

图10 墨西哥"边境加工厂"的廉价劳动力

为劳动力缺乏组织和管制。试图建立独立的工会组织的尝试遭到了雇主和政府的联合打压。《北美自由贸易协定》规定了工人的权利以及对工会的保护，但这部分内容并没有得到执行。美国的工会为减少来自墨西哥廉价劳动力的竞争，尝试将墨西哥工人组织起来，并援引《北美自由贸易协定》中的劳动力条款作为依据，但并不成功。有关医疗、安全和环境等的规章制度并不健全，或者执行不力。墨西哥政府显然是视而不见，因为"边境加工厂"对于墨西哥经济作出了突出贡献，它提供就业（在本世纪初创造了约100万个工作岗位），并创造了仅次于石油业的巨额外汇收入。

近年来，亚洲对于资本产生了更大的吸引力，尤其是日本的资本,连续几波涌入远东国家。二战后,随着日本工业的迅速发展导致土地及劳动力短缺，日本的国内生产成本变得日渐昂贵,价格也随之上涨。20世纪70年代和80年代,为寻求廉价劳动力,日本资本进入号称“四小龙”的中国香港地区、中国台湾地区、新加坡和韩国。随着那里的生产成本也变得更加昂贵,第二波资本流动又从日本以及“四小龙”地区进入印度尼西亚、马来西亚和泰国。近来,第三波投资潮则进入了中国和越南。目前看来,中国是资本所寻求的目的地,它正威胁到墨西哥经济,将原本在墨西哥投资的公司都吸引到了中国。

制造业在这些国家的扩散尤其吸引了年轻女性从事雇佣劳动。她们据称占到墨西哥“边境加工厂”劳动力的百分之六十至七十。耐克和盖普公司在东南亚的工厂被指控雇用16岁以下的女工,尽管当地法规禁止雇用童工。资本主义与父权制相结合,以获得最廉价的劳动力，因为女性的报酬通常低于男性，女性服从男性的控制,并且可以随时退工。如果需要裁减劳动力,女性可以回到家庭劳动。

雇佣劳动的扩散导致了工人力量在全球范围内的弱化。在旧工业社会里，集体组织使工人得以缩小劳资双方之间的力量差异。廉价的、无管制的国外劳动力的竞争破坏了这种集体力量,工会组织发现很难将国外工人纳入组织。作为消费者,旧工业社会的工人当然能够获益，因为国外的廉价劳动力以及更为激烈的国际竞争降低了他们所购买的商品的价格，但是自从20世纪80年代以来,旧工业社会的实际工资一直在减少。而且,随着资本变得更具流动性，各个民族国家不得不相互竞争，争夺资本。20世纪80年代英国通过的反工会立法之所以能获得支持,部分原因在于它使英国得以吸引在80年代和90年代期间进入欧

图11 越南的耐克加工厂雇用的廉价劳动力

盟的日本和韩国资本。

全球性远程工作

不仅制造业迁出了旧工业社会,现在大多数办公室工作,如打字、接电话、数据处理、软件开发及问题解决等,都可以远距离完成。信息及通信技术的进步使这部分工作很容易转移到国外更为廉价的场所，那里的工资及办公费用更低。和制造业一样,出于相同原因,这些工作通常也都雇用年轻女性。

电话咨询中心是英国增长最快的就业部门，弥补了制造业外移所损失的工作岗位，但如今电话咨询中心也正在迁往国外。银行、保险、旅行社、电信及铁路等公司正在将它们的电话咨询业务从英国迁往中国、印度和马来西亚。同样,法国公司也将此类工作迁往非洲说法语的国家。美国公司很早以前就已经将电话咨询中心和数据处理业务转到了加勒比海地区。

世界上说英语的地区占有相当大优势，一些加勒比岛国以及印度由此获得发展便利,虽然只有英语是不够的。当然,一些训练是必要的，那些在印度从事电话接听服务的人员都接受了西式发音和会话训练。电话咨询中心的有效运作还需要“关系经理”的小心经营。他们能在效率与客户服务之间取得平衡。软件开发需要更高层次的技术,但是印度,尤其是班加罗尔市,已经成为软件生产中心之一，因为当地能提供教育程度较高的、说英语的劳动力。知名大公司如德州仪器、摩托罗拉、惠普及IBM都在那里建立了软件(及硬件)生产基地。

这不仅是贫穷国家相比富裕国家能够提供更为廉价的劳动力的问题，还涉及几个贫穷国家之间的激烈竞争。巴巴多斯和牙买加早就开展了远程工作，如今它们越来越多地遭遇到来自其他加勒比岛国及中美洲国家的竞争。整个加勒比地区又面临着来自印度、菲律宾、马来西亚和中国的更为廉价的劳动力的竞争。远程工作业务能够轻松建立，是因为这种工作形式更为常规化并且所需技术含量不高，因而此类工作的扩散很少遭遇限制。

全球性旅游业

说到资本主义在全球范围内的传播，国际旅行业并不常为人提及，但它的发展最为突出地体现了国家间经济联系的加强。从1950年到2001年，国际旅游的游客人数从每年2,500万人次增加到近7亿人次。在许多最贫穷的国家,旅游已经成为外汇收入的主要来源。

国际旅游业将资本主义的商业运作扩散到资本主义发展之前从未触及的地区。它渗透到那些无力为世界市场提供商品及其他服务的地区。的确,那些偏僻的或不发达的地区,从位于安第斯山脉东侧斜坡的马丘比丘到喜马拉雅山，对于游客都具有特别的吸引力，因为它们很偏僻或者很传统。旅游业为酒吧和宾馆的付费劳动提供了就业机会。它催生了对食品生产和运输的更大需求，也为当地旅游纪念品制造业和古迹仿造提供了基础。旅游业的收入能加速金钱循环,促进制造商品的进口,并建立新的消费模式。

文化习俗、野生动植物、景点及景致等获得了之前从未有过的金钱价值，商品化进程随之出现。习俗在经历商品化之后可能失去原有的本真性，自然会变得不那么自然，虽然商品化至少能让它们在经历改变之后存活下去。在一个资本主义势力日渐扩张的世界里，唯一能确保文化习俗和自然景点保存下去的方式就是设法从中获取利润。而且，保护原则自身也可以成为一个产业的基础,比如哥斯达黎加所推行的生态旅游。

随着贫困国家中成人与儿童的身体获得用金钱衡量的价值，全球旅游业也带来了由性旅游所引发的另一种商品化过程。据称,1999年仅在美国就有超过25家公司提供前往亚洲目的地的性旅游服务。“互联网世界‘性’指南”提供世界上每个国家性服务的信息与报道,包括是否提供服务、服务内容及价格,并有相关链接来帮助人们做好行程安排。指南并没有提供是否存在儿童性服务的相关信息，但这是性旅游业的主要卖点之一，因为它使成人得以在遥远的、未受管制的地方得到此类服务，其间所担负的风险显然远远小于在本国从事类似活动。

全球旅游业显然并不总是福音，即使它为接受游客的社会带来了一些经济回报，我们必须记住，利润中的大部分都被主宰旅游业的外资公司(航空公司、连锁宾馆及旅行社)掠走了。

全球性农业

在探讨全球性资本主义的上述案例时,我们忽略了农业。在我看来，全球性农业并非新事物，很早以前就已经在印度和斯里兰卡的茶叶种植园以及中美洲的水果种植园里得到繁荣。19世纪建立起的国际劳动分工在工业社会为世界其他地区的农产品创造出了新的市场，西方公司在那里投资并进行大规模生产。

但是农业中也存在日渐激烈的国际竞争，资本主义生产业已扩散。20世纪90年代,香蕉产业出现危机,因为当时生产的香蕉数量超过市场需求。美国水果公司,尤其是多尔,开始将生产转移到厄瓜多尔，那里的工资及其他劳动力成本远远低于美国，并且那里没有工会组织（与此同时，现有的组织在中美洲遭到了攻击）。这些公司还利用世界贸易组织对欧盟施压，以求欧盟停止优待非洲和加勒比海地区的前殖民地香蕉种植者。在这些地区，大部分香蕉都由农民以更高成本进行小规模种植，在自由市场上，他们根本无法与大公司竞争。最终，大公司与欧盟间达成妥协，对小生产者进行一定程度的保护，同时尝试将厄瓜多尔的工人纳入工会组织，但工会和小生产者的命运依然是未知数。

小生产者发现他们被迫以其他方式朝着资本主义农业靠拢。万达那·希瓦提出，农业日渐被高度集中化的"生物科学企业"所主宰，此类公司同时涉足农产品的生产、销售、生物科技、化学与制药行业。它们销售经过基因改造的种子，这些种子能生长成体型较大的农作物，据说通过向稻米中添加维生素A成分等类似方法，这些农作物还能避免营养缺乏症。此类农业能够生产大量经济作物，但它需要大量使用这些公司生产的杀虫剂和除草剂，同时需要大量用水。随着稀缺的水资源用尽，化学污染加剧，生物多样性消失，此类农业对环境的影响是灾难性的。农民不仅仅依赖于这些公司，还背负债务，因为需要大笔投资。如果收成不好或其他灾难造成他们无法偿付债务，农民最终可能失去土地。小规模农业失去活力，而大型的资本密集型组织取代了它们。

伴随这个过程一起出现的是自然的商品化，因为植物、种子、基因、水这些之前经常可以免费获得的自然资源如今成了商品并具有金钱可衡量的价值。知识也变成了商品。世界贸易组织所提出的《与贸易相关的知识产权协议》要求各国允许对植物品种和基因材料进行专利权保护。万达那·希瓦认为，这意

图12 多尔公司在厄瓜多尔进行大规模香蕉生产

味着：

> 穷人的知识正在转变成全球性企业的产权，于是产生了这样的情况：穷人将不得不付钱购买种子和药品，而这些产品正是由他们推动开发，并且用来满足他们自身的营养和保健需求的。

全球性资金

我们正在讨论的资本主义商业行为的扩散不可避免地加速了资金的循环，但是20世纪的最后25年所出现的真正令人震惊的循环加速，其原因主要在于投机性的资金流动。到20世纪末，**每天**的外汇交易总额达到1.5万亿美元，这一金额相当于英国的**年度**国民生产总值。根据曼努埃尔·卡斯特利斯的统计，国际投资在1970年至1997年间增长了近200倍，其中大部分属投机性质。

卡斯特利斯强调，技术进步造就了国际货币交易与投资的大规模扩展。一定程度上，这与通讯有关，因为地球同步卫星、数据的数字传输以及电脑网络不仅加快了交易速度，也增加了能够处理的交易量。同时这也与金融技术和革新有关。金融服务业的发展创造了许多新的市场投资方式以及将公司及个人资金引入市场的新渠道。新的金融工具及产品，连同新的通讯设备，产生了跨越国境的资金流。

如今声名狼藉的"衍生产品"，即尼克·李森曾交易并产生灾难性后果的那种金融产品（参见第一章），在20世纪80年代和90年代曾是最尖端的新金融工具。资金通过更为直接的渠道以投资基金的方式进入自20世纪80年代起开始吸引投资的"新兴市场”。投资者有机会在“新兴市场”低价购入新近实现工业化的国家的股票，然后等价格攀升后抛出获利。富裕社会的金融业迅速出现了一大批此类基金以吸纳普通民众的储蓄。20世纪90年代末的经济危机（参见第六章）随即迅速清空了这些基金所累积的价值。

跨境资金流动的原因不仅是技术与金融革新。20世纪70年代的利率浮动造成了新的不确定性和新的机遇，从而刺激了货币交易与期货市场。“浮动”意味着货币价值由市场而非官方决定，它随着货币供求变化而上下浮动。对于需要外汇来经营业务的公司来说，这增加了不确定性，因此，它们需要通过交易期货来保护自己。但是，货币交易增多主要还是因为浮动汇率为投机提供了更多机会。

不妨先让我简要说明一下，为什么汇率以这种方式浮动。之前，在1944年布雷顿森林会议建立的金融体系下，货币价值与美元挂钩，后者的价值又与黄金挂钩。这种做法为国际贸易扩张及一段时期内经济的持续增长提供了必须的稳定性。但是，20世纪70年代初，维持美元价值稳定变得越来越困难，美国政府被迫让美元贬值。在当时美元贬值有特殊原因，最主要的原因是美国政府在越南战争中开支巨大，但布雷顿森林体系当时已经承受了越来越大的压力。

这是因为要想维持固定的官方汇率，政府只能采取不受欢迎的政策，或者控制资金流动，不许资金出境。如果不断增多的贸易赤字对现有汇率施加了压力，而且投机者开始对可能出现的贬值进行投机，政府可以采取严厉的经济措施来维持货币价值。比如，它们可以减少消费以抑制进口。但是，在民主社会要想这样做，在政治上非常困难。另一种办法是，它们可以阻止投机者的资金流动，可以通过汇率管制来做到这一点。但随着贸易增加，随着一些国家的货币（尤其是美元）在国外大量积累，随着数额巨大的资金开始在国家间流通，控制资金流动变得更加困难。

20世纪80年代，重新市场化的资本主义所展现的解除管制的态度（我们在第三章已对此作了讨论）同样在其中发挥了作用。由国家所制定的固定汇率以及对于国际间资金流动的控制与新的自由市场和竞争的观念不相符。金融中心之间更为激烈的竞争为金融市场的解除管制和金融革新提供了动力。与股市相关的金融业，其经济重要性日渐加强，而这些行业的健康度取决于它们通过市场吸引国际资金流的能力。1987年10月，伦敦市解除金融管制的“大爆炸”举措背后，是世界各大金融中心间的竞争，因为伦敦努力想赶上纽约。但竞争也来自新的金融中心，到20世纪90年代，发展中国家有35个股票市场。一些已经变为了具备复杂功能的金融中心。正是在新加坡国际货币期货交易所，尼克·李森先是成就了自己的名声，后来又身败名裂。

全球性有多么全球性？

资本主义制度与实践已经扩展到全世界，但在此刻，我们必须暂停一会儿，考虑一下“全球性资本主义”究竟有多么全球性。

世界范围内的资金流动已经增加，但这是“金融全球化”吗？即使新的金融中心已经在发展中国家出现，并且投资于“新兴市场”至少一度变得很时尚，大部分资金依然在北美、欧洲和日本间流动。卡斯特利斯在1998年就已经指出，新兴市场只占有全世界资本的7%，虽然这些国家拥有约占世界85%的人口。而且，在1997年至1998年的亚洲及俄罗斯金融危机警告了外国投资者之后，进入新兴市场的资金至少短期内出现了锐减。在1998年至2001年，只有190亿美元流入新兴市场，而之前的1994年至1997年则高达6,550亿美元。

同样的情况也适用于全球性旅游业。国际游客中大部分人在欧洲、北美与日本等发达国家间流动。2001年，从国际旅游业中获利最多的四个国家分别是：美国、西班牙、法国和意大利，不过中国占到了第五名。

资本主义生产已经扩散。相比20世纪80年代，更多的投资在90年代进入贫困国家，但投资依然集中于少数几个国家，如中国、巴西和墨西哥，很少有资金投入非洲。根据经济合作与发展组织的统计数字，发展中国家于20世纪90年代所接受的外国直接投资中的约1/3流入了中国。2000年，整个非洲（不包括南非）所接受的外国直接投资占世界总额的比例不到1%，这个数字相当于芬兰，一个人口只有500万的欧洲国家，所接受的投资金额。

尽管人们常说，全球性资本主义正带来世界的一体化，但实际上国际间差异在不断增加。一些之前的贫困国家和地区，如亚洲四小龙，已经摆脱了落后状态，部分地缩小了它们与富裕国家和地区之间的差距。但它们只是例外。联合国人类发展报告清楚地显示，最富裕国家与最贫穷国家之间的差距进一步加大。1820年，世界上最富的五个国家的富裕程度相当于五个最穷国家的三倍。1950年，双方的差距变为35倍；1970年，44倍；1992年，72倍。国际间的财富差距正让世界持续变得更加**泾渭分明**。

“全球化”一词的问题之一在于，和“全球性公司”的说法一样，它暗示着一个新层次，即超越国家的全球性组织，已经出现。的确，世界上有许多跨国公司，它们在不同的国家经营，跨越了国家界线，但是大多数公司的经营范围只限于几个国家，并且从本质上来说算不上全球性。通常认为它们藐视民族国家的限制，将劳动力雇佣转移到国外，并时常逃避本国的税收，但是所有这些公司都在某个民族国家内设有基地，大多数都拥有大量资产，并在该国提供大部分工作岗位。它们利用本国的便利，包括基础设施与制度，并使用本国权力来促进及帮助它们在国外的业务。它们为贫困国家提供了就业，但与此同时也利用了这些国家的廉价劳动力，驱逐了当地竞争者，将利润输回本国。彼得·迪肯认为，跨国公司同时也是全国性的公司，大多数公司根本称不上全球性。

因此，使用“全球性资本主义”的说法时必须小心。资金流及投资流在全球的分布是如此不均衡，如果把它称为“全球性”的，那完全是误导他人。而我们通常使用的全球性术语，如“全球性资本主义”、“全球经济”、“全球社会”等掩盖了正在不断被拉大的国际间差距，同时也让人忽视了国家和国家政府的重要性。

全球性的资本主义主宰

然而，有一个方面可以肯定地说，资本主义已经全球化了。

1989年，资本主义最主要的全球性替代体系，即国家社会主义，开始解体。戈尔巴乔夫在前苏联发起了“结构重组和开放”计划，同时也开始放松了对东欧国家的控制。前苏联的经济一直以中央计划和对经济的集中式指导为基础进行运作，市场只发挥边缘作用。前苏联经济曾遭受严厉批评和嘲笑，因为它效率较低，生产率较低，总体经济表现不尽如人意，环境污染严重，这一切都使得前苏联经济成为了反衬资本主义优势的鲜活证据。前苏联创纪录的工业化和大幅度经济增长、对充分就业和低通胀率的保持、教育和医疗服务能力，现在大多已经被遗忘了，不过毫无疑问，很多俄罗斯人依旧记得前苏联曾经提供给他们的稳定和保障。

前苏联解体的主要原因在于，它无法与西方更富革新精神的资本主义经济竞争。在俄罗斯和东欧地区，越来越多的人期望见到一个交流更多的世界，人们无法与西方的个人主义消费文化相隔离。在国家社会主义限制下运行的经济无法满足这些期望，或者至少在那么多资源用于军事生产的时候无法做到。在我看来，冷战所施加的负担对于前苏联来说难以承受，里根的“星球大战”计划是最后一击，因为这一计划使超级大国之间的军事和工业竞争大幅度升级。

戈尔巴乔夫试图引入渐进改革计划，但是从计划经济到市场经济的逐步转变并没有实现。一旦国家指令停止，随之而来的是经济瘫痪。在叶利钦的领导下，政府试图将俄罗斯引入资本主义。1991年对于经济所实施的“休克疗法”将价格从政府控制下解放出来，到1994年底，俄罗斯3/4的大中型企业实现了私有化。对于大多数普通民众而言，后果是灾难性的。根据约翰·格雷的说法，1991年至1996年间，消费者价格增长了1,700倍，约4,500万人陷入贫困。休克疗法的政策被暂停，在普京的领导下，俄罗斯现在正回头走向国家管控较多的资本主义形式。但是，这并不是要回到国家社会主义，因为后者的结构已经解体，而一些具有强大影响力的集团现在则期望从资本主义中受益，俄罗斯已经加入到世界资本主义经济体系中。

国家社会主义的解体排除了资本主义主要的备选模式，发展中社会受金融压力和国际机构所迫，只得遵循占据主导地位的美国式资本主义模式。其中，由美国所主导的国际金融机构——世界银行和国际货币基金组织——扮演了关键角色。这两个机构都是在二战期间由布雷顿森林会议所创立，在同一次会议上，还创立了战后固定汇率体系。世界银行的功能是帮助各国进行战后重建和发展，而国际货币基金组织则起到了维持国际经济稳定的功能。尽管它们职能不同，在20世纪80年代，这两个机构开始共同推进在美国及其他主要工业国占据主导地位的自由市场意识形态及政策。和其他国际机构一样，它们受强大的成员国所操纵。

这两个组织提出了三条相互关联的重要政策。第一条是提倡财政节俭，以减少不必要的政府开支，并废除可能引发通胀的宽松货币政策。第二条是私有化，以清除效率低下的国有企业，引入市场准则，同时也减少政府开支。第三条是自由化，在成立于1995年的世界贸易组织的协助下，消除贸易壁垒，停止政府对市场运行的干预。这些政策的执行依靠“制约性”措施，即根据政策执行情况有条件地发放贷款。发展中国家对于贷款的高度依赖意味着，不管这些政策有多少问题，它们都无力抵制此类政策。的确，相比发达国家，这些政策在发展中国家被更为严格地执行。美国、欧洲和日本都花大力气保护其农业，并提供资金补助。

约瑟夫·斯蒂格利茨在1997年至2000年期间担任世界银行高层领导，他对这些政策做了严厉批评，尤其是国际货币基金组织的政策。斯蒂格利茨并非反对政策本身，在某些情形下这些政策能够带来收益，他反对的是这些政策被不加区分地、过于匆忙地强加给各个国家。当条件不合适的时候，财政紧缩可能破坏依赖政府开支的重要项目，导致大规模失业，而私有化可能导致公共资产的流失以及更高的消费品价格。自由化，尤其是金融市场的自由化，很可能打开外国资本的入侵之门。斯蒂格利茨认为，国际货币基金组织在这方面的政策经常受到它与华尔街金融利益关联的驱动。

国际货币基金组织在执行这些政策时就仿佛不存在其他的选择。斯蒂格利茨对比了俄罗斯和中国的经验。国际货币基金组织的建议引导俄罗斯采取了“休克疗法”，造成了大规模贫困，而中国则采取了相反的策略，逐步转型，“在如此短的时间内完成了历史上最大规模的贫困削减”。中国成功的秘诀就在于没有消灭旧制度并期盼新制度能自然出现，而是允许新的资本主义企业在现有的社会秩序中发展。中国没有犯下大规模私有化的错误，而是按照斯蒂格利茨所提出的建议，创造出条件，使私有制经济部门能够形成并逐渐繁荣。

这当然不仅只是选择正确的政策和政策顾问的问题，真正的原因在于中国有更具效率的精英管理者，而正在解体中的前苏联的统治阶层则处于瘫痪状态。相比之下，中国的精英管理者在更为强大的经济和国家机器辅助下，更有可能走出一条自己的道路，并且对转型加以控制。目前看来中国正在完成成功的经济转型。

国家社会主义已经解体，资本主义作为独立发展的经济体系已经在全球占据了主导地位。相比国家社会主义，资本主义提供了更多的商品和服务，也提供了更多选择。但是，这并不意味着，只有一条路能通往经济成功，因为有不同的道路，并且，正如我们在上一章所看到的，有不同的方式来组织资本主义。我们不应该把资本主义**之外**的其他选择与资本主义**内部**的不同选择混为一谈。

全球性资本主义的神话

“全球性资本主义”一词简便地传递了这样一个理念，即资本主义制度与实践近年来已经扩散到新的区域，并以新的方式将相距甚远的各个地方紧密结合在一起。毫无疑问，这一切已经发生，并使我们所生活的世界产生了意义深远的改变。资本主义是全球性的主宰体系，并将在不远的将来保持这一地位。

但是，在本章的讨论过程中，我们已经发现，“全球性资本主义”这一概念也产生了具有重要影响的、误导性的神话。**神话一：**全球性资本主义是新近产物。这种说法是错误的，因为全球性资本主义有悠久的历史渊源。**神话二：**资本在全球范围内流动。事实上，大多数资本只在一小部分富裕国家之间流动。**神话三：**资本主义的组织形式现在已经变为全球性的，而不是国家性的。事实上，国际间差异的重要性一如既往，民族国家继续在跨国公司的经营活动中扮演着重要角色。**神话四：**全球性资本主义实现了世界一体化。事实上，资本主义全球化程度越高，由国际间财富差异所造成的世界分裂趋势就越发明显。

第六章

危机？何种危机？

生活在经济危机中的人们或许觉得他们的世界正在崩塌。他们或许以为整个资本主义体系即将终结。但是，资本主义的危机并不是偶然事件，而是资本主义社会运作的一个正常部分。尽管我们如今所熟悉的危机机制早在几个世纪前就已出现，但到19世纪经济危机才成为了经济生活的常规特征。本章从17世纪荷兰的“郁金香狂热”开始谈起，这个案例所展示的基本运作机制与近期出现的电子商务和信息科技泡沫完全一致。

17世纪阿姆斯特丹的郁金香泡沫

郁金香于16世纪从土耳其输入荷兰，凭借其独特的异域风情和稀缺的品种，在17世纪成为人们钟爱的花卉。在荷兰肥沃的冲积土地上，郁金香种植面积不断扩大，但是稀缺的供应和大量需求依然导致价格不断攀升。高利润率吸引了许多人进行交易，所需投资很少，挣钱很容易。

对郁金香球茎的大量需求迅速改变了球茎交易。起初，球茎被大批出售，有时甚至是整片苗圃一起出售，但随着需求的增长，交易单位不断缩小，直到最后仅以单个球茎出售，尤其是那些最为名贵的变种。随后，出现了新的市场，专门交易球茎上的生长物，因为从中可以长出未来的新球茎。最终，在17世纪30年代，郁金香交易产生了郁金香期货市场，并直接导致了1636年至1637年的“郁金香狂热”。

这一切是怎么发生的？起初，交易季节很短暂，仅仅在开花和摘取球茎后持续几个月。为迎合增长的需求，交易者开始买卖依然种在土壤里的郁金香。现在他们实际上就是买卖球茎期货。期票上规定了所买郁金香的细节以及摘取的时间，而土地里则将做上标记以辨识买主。随后就是从交易球茎发展到交易期票的小小一步，因为迅速上涨的球茎价格使期票价值也开始飙升。

郁金香期货交易变成了一场疯狂的投机泡沫，不是对球茎的需求，而是对“纸面的”期货的需求推动了价格上涨。由于签订期货合约时只需支付定金，因此一小笔钱足以发挥巨大的作用，只要在全额支付时间截止前能找到下家接手合约，就能赚取利润。随着合同日期的临近，交易变得越发疯狂，期票流通速度进一步加快。价格最终攀升到无人问津的地步，随即突然暴跌。许多很普通的郁金香其实并没有实际需求，它们只是在泡沫最鼎盛的时候被卷入了投机交易。既然没人真正想要这些球茎，在未来购买它们的权利最终变得毫无价值，因此，市场价格一路暴跌。

期货交易是泡沫通胀的核心机制，在当时期货交易已经是商业资本主义的成熟做法，但有趣的是，球茎期货市场上的购买主力并非商人。一些商人确实参与了购买，但是真正的大商人正忙于从自己的垄断经营中获取风险较小的利润，他们并没有涉足郁金香交易。泡沫膨胀由普通民众推动，包括纺织工、砖瓦工、木匠、修鞋匠等。他们投入全部积蓄，到处借钱，抵押资产或者以实物抵付款项。西蒙·沙马举了一个例子，为购入一个稀有的球茎，有人付出的代价是“两车小麦加上四车黑麦、四头肥牛、八头猪、十二只羊、两桶葡萄酒、四吨黄油、一千磅奶酪、一张床、若干件衣服和一只银质的杯子”。

球茎及期票交易并没有在阿姆斯特丹股票市场进行，尽管那里有着大量其他的投机活动，而是在小酒馆里进行，交易者“群体”在那里见面并喝酒。这些群体发展出他们特有的秘密程序、交易仪式及庆典，相当于穷人版的股票交易流程。当时的投机资本主义，就像现在一样，不仅有老练的金融家进行投资，而且也是一项大众参与的经济活动。

19世纪的危机

尽管对于投资郁金香的人来说，泡沫破灭的后果很严重，但总体上它对于经济并没有产生重大冲击。当时的经济活动还没有高度一体化，因此经济危机不会从一个领域扩散到整个经济体。是资本主义生产的发展产生了使危机扩散到整个经济体的必要联系。而且，资本主义生产事实上产生了新的危机机制，马克思曾对此作了分析。

马克思认为，因为生产与消费分离开来，所以资本主义天生具有产生危机的倾向。在资本主义出现之前的社会形态中，生产与消费紧密联系在一起，因为大多数生产都或多或少被用于直接消费。在资本主义制度下，商品生产是为了在市场上进行销售，生产与消费之间的关系变得更为疏远。人们生产商品是寄望它们能在市场上卖出去，但市场可能无法吸收它们。马克思将资本主义描述为无序状态，因为消费者需求不再直接管控生产。

事实上，资本主义生产天生具有过度生产的趋势。生产者之间的竞争产生了要求生产扩张的压力，因为更高的产量能降低成本,降低价格,扩大市场份额。当生产的商品数量超过需求量时,就会出现过度生产的危机,价格将会下跌,最终降到不足以赢利的水平。这不仅伤害了该产业，而且具有扩散危机的连锁反应。投资将减少,并影响机器制造业。工人将遭到裁员,或者被削减工资,这将进一步减少消费需求。通过这些方式,过度生产产生了恶性循环，导致工厂关闭和破产，失业率水平居高不下。大规模的失业又会导致社会危机，因为在资本主义经济体系内,人们以一种全新的方式依赖雇佣劳动来获得生存。自从19世纪下半叶以来,这样的危机几乎每十年就出现一次。

尽管失业造成了巨大的苦难,一些人就此破产,但这些危机并没有摧毁资本主义制度。事实上,马克思认为,危机使资本主义得以继续前进，因为危机消除了过度生产所带来的负担,淘汰了效率最低的生产者，一旦工厂倒闭和破产使生产降到接近需求的水平,就能重新开始良性循环。同样地,较低的工资增加了利润率，更低的价格刺激了需求。更低的利率使贷款投资的成本更低。生产可以重新扩张,就业将增加,更多的人将有钱购买商品。

因此,资本主义将通过扩张走出危机,但是,马克思在《共产党宣言》中提出,这种扩张只会导致“范围更广、破坏性更大的(新)危机”。这并不意味着,如他的一些追随者所认为的那样,马克思相信资本主义将以经济大崩盘的方式灭亡。只有当资本主义被它所剥削的工人阶级推翻时，它才会灭亡。资本主义发展过程中的某些趋势将为最终的颠覆提供便利。技术的进步和所有权的集中将扩大生产规模，更多数量的工人将被集中起来,变得更容易组织。在这一切过程中,危机当然将起到作用,当工人们经历危机时，他们将变得更为激进。此外，贫富差距的扩大也将造成工人的激进态度。财富日益集中到少数富裕的资本家手中，他们享受着资本带来的利润，而大量贫困的工人则时常遭受失业之苦。

所有权确实变得更为集中，生产单位的规模变得更大，工人变得更有组织性。由于工人们对工作的经济依赖，以及试图推翻资本主义体系的革命运动所遭受的镇压，他们被迫接受了资本主义制度。他们通过工会组织被吸纳进入资本主义社会的政治结构中，并受到资本主义生产所提供的商品和服务的诱惑。无论如何，没有哪次危机的规模大到足以威胁资本主义经济体系，直到20世纪30年代大萧条的出现。

20世纪30年代的大萧条

从19世纪中期开始到一战前，资本主义社会经历了一段稳定的、危机很少的发展时期，到战后的20世纪20年代，显然发展还在继续。但是，第一次世界大战的结束留给世界的是一个脆弱的经济体系。伦敦原本发挥着稳定经济的金融主导作用，现在这已成为历史，国际经济关系在20世纪20年代陷入了无序和不稳定状态。而且，大战及其后续影响使许多国家，尤其是德国，背负了巨额债务。与此同时，这些国家的经济遭到削弱，无力偿还债务。这是20世纪30年代大萧条的历史背景，这次萧条影响如此深远，范围如此广泛，以至于埃里克·霍布斯鲍姆认为它“几乎相当于资本主义世界经济的崩溃”。

20世纪20年代，有许多迹象表明，世界经济并非一切正常，但是直到1929年纽约华尔街股市大崩盘才引发了大萧条。1929年10月，纽约股价暴跌，随后一路直降，到1932年6月才触底，与

图13 1929年股市崩盘时，交易者查看电传打字机纸带上的股市行情

1929年9月的巅峰值相比，纽约股市贬值超过80%。

累积机制令经济陷入萧条。在整个工业世界，生产普遍出现衰退，这导致失业人数迅速增长，后者又减少了需求并导致生产进一步萎缩。1929年至1931年，美国的工业生产减少了1/3，在衰退达到谷底时，超过1/4的劳动力处于失业状态。失业的工人无法支付住房贷款的利息，这威胁到当地银行的偿付能力。工人们无力继续购买消费品，尤其是汽车，美国汽车产量减半，造成更多人失业。当时国家提供的低福利不仅使失业所产生的影响相比如今的工业社会更为严重，而且也意味着大规模失业可能让相当多的人丧失购买力。

这不仅是工业社会的一场危机，因为农业也遭遇了严重萧条。随着消费者需求下降和货物囤积，农产品的价格开始下跌，茶叶和小麦价格暴跌2/3，丝绸价格暴跌3/4。农民的反应是无助地增加生产，以期维持他们的收入，但这导致了价格进一步下跌。20世纪30年代留给我们的主要印象就是欧洲和美国的失业工人在施舍处排队，或者饿着肚子游行。阿根廷、巴西、古巴，以及澳大利亚和新西兰等国家的经济一直依赖于向工业国家出口

图14 20世纪30年代大萧条期间的美国，劳动力被公开拍卖给出价最高者

食物和原材料，在大萧条中它们也同样遭到了沉重打击。

20世纪30年代显示了资本主义世界经济在危机面前的**脆弱**。问题并不在于危机的发生，因为正如我们所见，危机是资本主义正常机制的一部分，问题在于随着累积机制的扩散和危机的加剧，世界范围内资本主义经济体系纷纷崩溃。资本主义经济的脆弱性有三个根源。

首先，在上一个世纪里，生产能力急剧增长。这意味着，要想吸收所有产品，需求量也要增长到同等水平。这个条件不仅适用于制造业，也适用于食物及其他主要产品的生产。消费不足的原因不仅仅是过度生产，也包括由于工人收入降低所造成的消费不足。不管出于何种原因，生产规模的扩大以及就业人数的增加意味着一旦消费无法与生产同步，那么随着工人们（他们同时也是消费者）失去工作，经济发展将呈螺旋式下降。

其次，国际劳动分工造成了世界一体化。工业社会生产制造品，而世界其他地区则集中生产食物与原材料。一旦工业社会的需求下降，向它们出口牛肉、咖啡、糖等初级产品的生产国就会发现自己的销售、价格、收入都在下降。当它们的收入下降时，工业产品的国外市场必然出现衰退。一些历史学家认为，大萧条开始于初级产品生产国，随后扩散到工业社会；另一些人则提出了相反的观点。但无论如何，发生在某一类国家的危机不可避免地被扩散到了另一类国家，随后在两者间不断回荡。全球经济一体化是放大萧条的另一种机制。

再次，国际贸易与国家保护之间存在矛盾。作为第一个工业国家，英国一直推行自由贸易政策，这为它的产品获得了最大化的市场。当其他国家随后开始工业化的时候，它们不可避免地更倾向于保护主义政策，因为它们刚起步的工业需要保护，以求站稳脚跟。日渐激烈的国际竞争带来了更多要求国家保护的呼声。不过,直到一战之前,英国的经济主导地位和全球性经济增长一直维持着自由贸易。但到了一战之后，部分由于战争的影响，英国不再主宰国际经济，而国际经济的稳定发展也已不复存在。

当国内生产面临危机时,保护国内经济以应对国际竞争,这一诱惑令人难以抗拒。只要一个国家采取此类行动，其他国家必然迅速跟进。例如,美国于1930年采取大范围关税措施保护经济,引发了其他国家的报复。而且,19世纪几个相互竞争的帝国分割了世界版图，从而造成了工业社会的错觉，以为它们能够经济自足,并且拥有现成的自我保护结构。此类错误的后果是,世界贸易不断衰落,使经济萧条进一步恶化。

大萧条催生了一系列新的政策，其目的在于防范类似情况再度出现。政府适应了应对萧条，通常的做法是削减开支或增加税收,从而在经济衰退导致税收减少时能够平衡收支。约翰·梅纳德·凯恩斯认为,政府可以通过借贷或降低税收,在经济体中创造需求,从而缓解萧条趋势。这些凯恩斯主义的政策在20世纪30年代后期开始影响一部分国家，不过帮助全球经济摆脱萧条的,主要还是二战所造成的巨额政府开支。

从战后繁荣到新的危机

二战后的25年里,资本主义的危机倾向似乎得到了控制。战后对于再度出现高失业率的担忧被证明毫无道理。各国政府以为现在它们懂得了如何使用凯恩斯主义政策来避免危机失控，尽管这一时期的经济稳定增长很可能与它们的经济技能毫无关系，因为政府频繁做出不合时宜的干预，从而可能加强也可能减弱了经济循环。是其他潜在的因素刺激了繁荣。

战争期间的大幅开支事实上并未停止，因为美国现在卷入了一场新的战争，即它与前苏联的冷战。这不仅带来了美国在海外的军事开支，而且有意识地造就了日本和欧洲经济的复苏,因为这些地区是冷战的前沿。它还导致了太空竞赛。在前苏联将宇航员加加林送入太空后，作为回应，美国将大量资金投入到太空计划。这是一种扩张性的活力，完全不同于两次大战期间对外隔绝的保护主义策略。世界上最大的经济体正在推动经济增长,使之跨越保护主义的界限。

技术进步极大地促进了生产，但由于消费者需求也在持续上升，过度生产的危机得以避免。更高的生产率意味着商品价格下降,价格一直处于工人们能够购买的水平。例如,整个社会都能拥有汽车。更高的生产率也允许工资增长，而全员就业使得劳动者得到了最大的谈判权力。

但是,这些增长中的相当部分是以其他地区为代价换来的。工业社会的富裕依赖世界其他地区所提供的低价初级产品。石油的低价尤其关键，因为石油不仅是一种油料，而且也是制造一大批合成物质的基础。这些产品被用来替代第三世界的“天然”产品,从而进一步压低了价格。因此,新的合成纺织品降低了对棉花的需求。制造品与初级农产品价格之间的关系变得不利于初级产品生产者,他们发现到1970年,购买制造品的花费比1951年购买同类产品时多出1/3。

到了20世纪70年代,这一切都变了,因为随着国际经济增长停滞不前,推动之前20年经济增长的良性循环变成了恶性循环。最明显的例子是许多初级产品价格的上升，特别是石油，这持续增加了工业成本并提高了销售价格，从而影响了利润，减少了实际工资，并由此降低了购买力。工资增长压缩了利润，一方面因为工会组织持续发展，各个工会间相互竞争，另一方面因为工人们对价格和税收增长作出反应，要求增加工资以维持生活水准。另一个问题是，美国的军事开支和进口使美元在世界到处流通，使得现存的、基于固定汇率制的国际金融体系无法吸收这些美元。

结果是一场新的危机，就性质而言，它完全不同于30年代的大萧条。在30年代，需求锐减，现在则是需求过多，它迫使价格和工资上涨。而且，固定汇率制解体后，汇率的浮动使得政府放松了对于通胀的货币管制，因为政府现在的压力比以前小，不需要为了维持汇率而保护货币价值。

日渐激烈的国际竞争加剧了危机。德国和日本从战败对于经济的毁灭性打击中恢复过来，将现代化的、高效的工业投入生产。这进一步增加了对于世界资源的压力，也产生了新的过度生产危机。更多需求造成了更高的工资和原材料价格，随后的过度生产又降低了公司为它们的产品制定的价格，使得赢利变得更加困难。

日本旧工业社会各行业的赢利性所受的打击是毁灭性的，因为日本政府和工业十分有效地进行合作，追求以创造新产业和获取市场为目的的长期政策，而日本的生产率相比旧工业社会要高出许多。旧工业社会在应对此次危机时，面临着特定的问题。正如我们在第三章所见到的，它们所发展的管控型资本主义制度，限制或取代了原本可以作出迅速反应、进行资源重组的市场机制。它们不得不等到20世纪80年代政府对经济重新进行市场化之后才能作出有效的反应。

不稳定性

20世纪70年代之后，出现了一个新的世界：发展减缓，不稳定性增加，危机频繁出现。在20世纪的最后25年里，增长率是之前25年的1/2。各国间也有着鲜明差异。一些国家，尤其是澳大利亚、爱尔兰和荷兰在90年代的增长速度比80年代要快了许多，而在更多国家，如德国、意大利、日本、韩国和瑞士，增长率则出现下跌。许多国家在大多数时候处于危机的边缘，但当增长泡沫破灭时，即使一些经济强国也会陷入困境。危机也可以从一个国家轻易传播到另一个国家，比如1997年至1998年的危机开始于东亚的经济强国，但随即扩散到俄罗斯，再到巴西。

这是一个国际竞争加剧的世界。正如我们之前所看到的，国际竞争的加剧是导致20世纪70年代旧工业社会出现低利润率的变化之一。更低的利润率随后导致公司试图在其他地方寻找廉价劳动力来维持利润。随着工业领域内的工作，无论是制造业还是服务业，纷纷扩散到世界的其他地区，国际竞争进一步加剧。前苏联的解体使东欧各国得以向资本主义世界提供它们的廉价劳动力。中国的加入至少带领了将近1/4的世界人口进入世界经济。

生产能力的提高，当然还有技术进步，造就了更高的产量；如果需求也相应增加，这部分产品就能被吸收，但是全球范围内的需求并没有与商品供应同步增长。毕竟，新生产中心出现的原因之一是能够得到廉价劳动力，而低工资所产生的消费者需求并不高。循环后的石油资本通过借贷流入第三世界，这起初刺激了当地的消费，但利率的提高随即让这些国家背负巨额的长期债务，它们的国民收入中相当大的一部分被用来支付利息和还贷。正如我们在第五章中所看到的，国际间不平等在持续增长，这意味着消费越来越集中在美洲、欧洲及远东地区的成熟的工业社会里。

但是，这些社会里的消费需求也不稳定。公司削减工资成本以求至少能与其他新工业化国家的廉价进口商品竞争，于是实际工资和购买力随之下降。私有化将原本受到保护的国有企业员工推向残酷的公开劳动力市场。劳动力从制造业的“好工作”转向薪酬很低的服务业。许多国家失业人数的增加进一步抑制了消费者需求。政府不情愿花钱，宁愿根据后凯恩斯主义经济思想来平衡预算。因此，全球性消费并没有与全球性生产同步，过度生产一直对利润、工资与就业产生了威胁。

对于生产利润率的下降，一种反应是寻找国外的廉价劳动力，另一种反应则是（如阿里吉所说）将资本从生产投资中撤出，转而对股票、货币及衍生产品进行投资。正如我们在第五章中所看到的，大量资金开始跨越国境流动，成为资本主义世界经济中新的不稳定因素，并导致了1997年的东亚金融危机。

寻求在“新兴市场”进行投资的大量资金进入了看似强盛的东亚各国，但在1997年，对于泰国经济稳定性的担忧造成资金纷纷撤出。这随即导致股票和货币价格暴跌，银行陷入困境。类似的情况发生在马来西亚、印度尼西亚、中国香港地区、韩国等地。随着投资者将资金撤出所有被判断为经济疲软的地区，危机并没有就此终止，而是扩散到俄罗斯和巴西。随之而来的衰退不仅在那些受到直接冲击的国家摧毁了经济，而且随着东亚需求的下降，产生了全球性影响，例如，美国对东亚各国的农业和飞机出口就受到了冲击。

这次危机从两个方面表明了资本主义世界新的不稳定性。

导致资金从泰国撤出的担忧，部分在于随着不同商品如微晶片、钢铁和汽车的生产商数量倍增，该地区日渐激烈的竞争对利润造成了威胁。危机随即被放大，因为国际金融已经一体化，资金可以在各个经济体之间自由流通。过度生产、日渐激烈的国际竞争和资金的流动性，这三个因素相互作用，导致这场危机持续时间超过了一年，从一个国家扩散到另一个国家。

信息技术的繁荣

信息与通讯技术的革命似乎为避开资本主义经济的不稳定性、进入新的增长期提供了机会。这不仅是因为对于“硅谷”的投资以及新创造的软硬件产品，而且也因为这些投资及产品能够提高许多现有产业的生产率。在经济合作与发展组织看来，“信息与通讯技术正在转变经济行为，就像蒸汽机、铁路与电力过去曾做过的那样”。通过文字处理软件及电脑控制的生产、地球同步卫星及移动电话、互联网及网络、电子商务及远程工作，信息与通讯技术毫无疑问已经通过这些方式改变了人们的工作生活。根据经济合作与发展组织的看法，对于信息与通讯技术的投资在20世纪90年代显然促进了经济发展，主要是在美国，但也包括许多其他国家，尤其是澳大利亚和芬兰。

但是，正如电子商务的发展所示，信息与通讯技术并不能帮助我们摆脱资本主义历史上频繁发生的周期性繁荣与衰落。Lastminute网站就是个很好的例子。该网站建立于1998年，其基本构想是，互联网可以牵线帮助企业将手头剩余的旅游行程、餐宴或宾馆房间出售给那些寻求最后时刻的廉价资源的消费者。2000年3月，电子商务处于鼎盛时期，该网站公开发行股票时将价格定为每股3.8英镑，这一价格超过了许多效益很好的知名企业。随后价格很快升至每股超过5英镑,网站的创始人显然加入了电子商务的百万富翁行列。但不到一周，电子商务的泡沫开始衰退,该网站的股价开始下跌,到2001年9月,跌至每股17便士。尽管该网站的商务设想不出所料地遭到了失败，但网站却成功转型为互联网旅行社，利用公开发行股票时所募集的资本购买了其他公司。最终网站幸存下来。在2002—2003年财政年度,该公司有望首次赢利。

Lastminute网站幸存下来了,从这个意义上讲,这个例子并非典型;但在其他方面,它是电子商务短暂繁荣的典型案例。它的初始资金来自风险投资，起初它竭力募集资金，以求在行业中生存，但在媒体大量报道之后，多家银行开始争抢公开发行该公司股票的资格。当股票(由摩根斯坦利公司)正式公开发行时,该网站募集的资金超过原计划47倍,即使当年该公司预计将损失2,000万英镑。它的股价并不是基于预期利润,而是基于它在股市繁荣期间可能通过股价上升所获取的收益。对于该网站业务及股票的疯狂哄抢，源自某种心理恐慌，人们生怕自己错过发财的机会。另一个原因则是受媒体引导所产生的对于新科技的乐观态度。就像所有的泡沫一样，一部分投资者最终判断股价已到达最高点，开始抛售股票兑现。人们再度提出对该网站赢利率的正常质疑，在可预见的将来都无法赢利这一事实意味着股价将暴跌至零点。

电信行业也经历了一次类似的飙升，不过并没有产生灾难性的下跌。在英国,自由化清除了对于公共事业部门的限制,英国电信开始大肆收购，企图将公司转型为全球性机构。英国电信在其他国家购买公司，试图与主要的美国公司合并，并且竞争移动电话经营许可证。竞争的结果对于所有参与者来说都很

图15 在2000年3月公司股票公开发行之前，Lastminute网站的创始人，玛莎·简·福克斯与布伦特·霍伯曼，露出了心满意足的神情

糟糕，因为政府将这些许可证公开拍卖，价高者得。英国电信在英国募集了225亿英镑资金，在德国募集了310亿英镑，但是那些为购买许可证提供资金的投资者只能猜测自己可能从中获利的金额。拍卖的最终结果造成电信公司背负了巨额债务。英国电信的债务最高，达到280亿英镑，为了将债务减少到可接受的水平，它不得不以亏损价售出它在海外买入的公司以及它的移动电话业务。

英国电信的主要竞争者之一是世通公司，它是美国的第二大长途电话公司，同时也是美国最大的互联网运营商。世通公司在巅峰期时价值1,800亿美元，雇用了8万名员工。但2002年7

月，该公司在被揭露曾虚报90亿美元的利润之后，不得不申请破产。由于世通公司的问题紧随安然公司的丑闻被曝光，所以媒体重点关注的是公司的财务假账问题，但这些假账掩盖了其他问题。世通公司起初只是密西西比州的一家小型电话公司，在15年的时间里并购了60家公司，直到2000年它的扩张被欧洲及美国的监管机构阻止。当时这些监管机构担心，世通公司正在计划的一项兼并（与美国移动运营商斯普林特公司）将使得世通公司在全球范围内完全控制互联网流量。事实上，世通公司购买的宽带量已经超过了它本身现有的合理需求，而它也在长途电话市场和移动电话领域遭遇到行业新入者的竞争。过度扩张，竞争日渐激烈，生产能力过剩，负债，收益不足，无法赢利——世通公司的故事与其他企业如出一辙。

信息与通讯技术革命在一些国家激励了经济的飞速增长，并至少给生活在其中的一部分人带去了许多好处，但它并没有解决资本主义世界经济的问题。与之前由技术进步所带来的产业转型一样，信息与通讯技术部门也经历了扩张、过度生产、竞争加剧、收缩的循环发展过程。信息与通讯技术也对资本主义的不稳定性造成了新的影响，它使得更多数额的资金在全球范围内得以更快地流动。

经济紧缩的世界？

一些经济评论家担心，现在世界经济正进入价格回落的通货紧缩阶段。如果价格下跌，并且商品价格一直下降，这将造成人们暂缓开支，因为在将来商品将变得更加便宜。它同样也会造成企业暂缓购入新的机械。如果消费者和企业开支减少，过度生产的慢性问题将会恶化，造成利润下降，投资减少，失业增加。民众的消费力会减弱，或者不愿意消费，因为越来越缺乏保障。这些恶性循环可能导致经济活动的累积性衰退。

日本已经出现了此类螺旋式经济紧缩现象。数十年的增长之后，飙升的价格造成了经济泡沫，并在20世纪90年代初宣告破灭。从那时起，国内需求一直在下降，价格下跌，失业增加。随着人们对未来变得越发担忧，他们更多地储蓄，更少地消费，而下跌的价格又促使消费者暂缓购买。政府试图通过降低利率或增加公共开支以刺激需求，但到目前为止并不成功。

起初，日本看起来只是个特例，因为过去日本人将收入中很大一部分用于储蓄，而福利国家制度的相对欠缺加剧了日本人为防范未然而对储蓄所产生的依赖。这里显然存在着恶性循环，因为更少的开支造成了更多的失业，从而产生更多不安全感，进而导致人们更多地储蓄，循环进一步恶化。

然而，尽管德国有着完善的国家福利体系，它近来也开始走上了紧缩的道路。有人认为，由于德国要负担重新统一的成本，或者由于德国劳动力市场的不灵活性，它也是一个特例。不过，如果这两个规模庞大、相去甚远的经济体都陷入了通货紧缩的循环，那么这很可能是一个更为普遍的问题。

在这种情况下，为什么在英国没有出现这样的紧缩循环?消费者开支已经明显“违反地心引力”，在不断地增加。服务业的价格也在不断上涨，因此服务业的支出对于在劳动密集型的服务业中维持就业率尤为重要。信贷的扩张对于消费的不断增长起到关键作用。高度发达的、具有强大竞争力的英国金融服务业找到了新的发放贷款的办法，最近的一种办法是以房产的新增值为抵押获得贷款。过度生产的问题暂时被贷款刺激下的过度消费解决了。

但是,债务并不能无限扩张。如果民众的处境发生变化,借贷意愿可能突然改变。在英国，人们的处境事实上正在发生变化,税收更高,大学学费更高,获取养老金的希望更为渺茫。不断增加的债务只能短期维持需求，当民众削减开支时，依然存在突然的、大规模收缩的风险,因为他们无力再借贷,并且要偿还高额的款项。

信息与通讯技术以及相关的股市泡沫使这些问题变得更加糟糕。随着泡沫膨胀,新产品、金融服务业的高收入和个人资本的不断增长所带来的乐观态度刺激了消费。随即，泡沫的破灭导致通信产业和金融服务业的就业及收入出现衰退。它还导致许多人损失了很大一部分储蓄，**并且**预期得到的养老金更少，因为养老基金也遭到了巨额损失。如果房价泡沫也破灭，相似的情况也将发生。

所有这一切都有可能使民众的首选从开支转为储蓄。而且，政府之前所制订的支出计划正是基于经济增长所带来的不断增加的税收，如今政府不得不削减支出，或增加税率，或更多借钱，所有这些举措都将削减消费者需求。消费的下降将进一步扩大生产与消费之间的差距，并使得过度生产且消费不足的问题变得越来越严重。

终极危机?

资本主义世界经济没能进入持续稳定发展的新时期，安然公司和世通公司的丑闻、各种金融泡沫的破灭，加上未来可能陷入通货紧缩的预测，这一切使得一些人认为，资本主义体系处于崩溃的危险之中,可能陷入某种终极危机。

围绕安然公司和世通公司的丑闻显得尤为严重，因为它们威胁到了资本主义行为规范的根基。如果手头握有股票期权的管理者谎报利润，公司的利润数据就变得不再可信，而知名会计师事务所参与合谋则意味着原本用来避免此类职权滥用的审计机制并没有起到作用。许多华尔街银行也被曝光，它们没能做到向客户提供客观的投资建议，而是将客户引向了与银行有着利益牵涉的公司。所有这一切都意味着，投资者所依赖的信息及建议不值得信任。对于资本主义市场运作的信心已经发生动摇，而市场运作又是整个资本主义制度的核心。

但是，丑闻已经成为资本主义一再出现的特征。真正的资本家一心想着不受道德规范约束以积聚金钱，这一再驱使某些人扭曲或打破行业规范。只有当泡沫破灭时，那些在经济扩张时期很容易被掩盖起来的欺诈行为才会突然被曝光。政府随即对违法者进行处罚，并加强管制，正如美国最近的情况一样。即使这不能避免在未来再发生新的丑闻——规章制度总是存在模棱两可之处或是隐蔽的漏洞，从而使不正当的商业行为有空可钻——至少可以修复商界的信心，从而使市场得以运转。

无论如何，资本主义的历史从不缺乏危机。经济发展的稳定期只是例外，而非常态。自1945年后的25年，经济发展相对平稳，这或许是一代人心目中的规范资本主义，但这段时期并不是典型的资本主义。危机是资本主义的常态特征之一，因为在资本主义体系内有如此多不断变革的、累积性的运作机制，因此，资本主义经济无法长期保持稳定。生产与消费的分离、生产者之间的竞争、劳资双方的冲突、导致泡沫膨胀与破灭的金融机制、资金从一个经济活动到另一个活动的流动，这一切不稳定性的源头从一开始就是资本主义制度的特征，并且毫无疑问将持续伴随资本主义发展。

特定的危机终将结束。因此，如果过度生产是问题所在，导致破产和工厂倒闭的亏损状态将最终降低生产能力。剩余的高效生产者自然赢利更多，他们将扩张生产，雇用更多人手，并且产生新的需求。资本主义经济体的特征之一就是生产革新的比例很高，新产品或新技术的发明将在未来的某个时刻再度刺激增长。危机毫无疑问是资本主义经济一再出现的特征，但资本主义的另一特征就是，当危机过去后，资本主义具有惊人的能力恢复发展。

无论如何，世界上某个地区的经济危机背后是其他地区的经济增长。因此，拥有众多廉价劳动力的中国加入世界贸易组织后，加剧了国际竞争，并影响到了其他地区的利润率和就业。但是，有着世界近1/4人口的中国是未来世界经济增长的潜在源泉。拥有廉价劳动力的国家起初或许不会产生太多的消费需求，但当它们开始出现经济增长后，对于劳动力更大的需求可以预计将导致工资上涨，并在未来产生更多消费。中国不仅是个出口大国，它也正在成为进口大国。

20世纪30年代，前苏联正以非资本主义的、国家社会主义的经济体系为基础进行工业化，而资本主义工业社会中强大的社会主义运动依然在积聚力量，寻求转向前苏联模式。随着20世纪80年代末国家社会主义经济的解体以及社会主义运动的低潮，这一替代模式陷入了低谷。

这并不是说，资本主义的对手业已消亡。反资本主义运动依旧存在，并且通过各种方式表现出来，尤其是在国际性经济会议召开时举行的大规模示威，如1999年的“西雅图战役”和2001年的“日内瓦战役”。然而，这些运动的弱点在于，尽管吸引了众多支持者，但它们并不是足以替代资本主义的有效体系，就像社会主义曾经(至少是一度)做到过的那样。

这同样并不意味着替代选择已经从资本主义世界经济中消失。正如第四章所示,有许多各具特色的国家经济体,并且这些经济体没有被全球化变为同一种模式。必须承认，美国的经济主导地位导致了自由市场资本主义模式被强加给经济孱弱的国家，尤其是那些试图从美国主导的国际经济组织中借款的国家。但是，成熟的资本主义经济体保持了它们的政治及制度的独特性，从而继续提供不同的备选模式。重要的不仅仅是它们所提供的成熟的备选模式(尽管这是个有趣的话题),而且是认识到在资本主义世界经济范围内总是存在各具特色的国家经济体,并且它们将继续运行下去。

在当今世界,资本主义已占据绝对主导地位,并且,在短期内不会出现最终危机,或者说,如果不出现某种生态灾难的话,甚至难以想象会有最终危机。在这样的一个世界里，寻求替代资本主义的备选体系还没有成果。原本作为替代体系的社会主义经济也不确定，而当代的反资本主义运动看起来则茫无头绪，因为它们不能提供一个值得信赖的、具有建设性的替代体系，与生产及消费的现有模式兼容。那些希望改革的人应该将重点放在资本主义**内部**发生变革的潜在可能。存在不同形式的资本主义,并且资本主义制度也经历了多次转型。但是,改革需要加入到资本主义内部，任何站在资本主义之外的运动都无法做到改革,而只能示威以表示反对。

索　引

（条目后的数字为原文页码）

A

B

C

D

E

F

G

H

I

J

K

L

M

N

O

P

R

S

T

James Fulcher

CAPITALISM

A Very Short Introduction

Acknowledgment

I would like to acknowledge the support given to me by the University of Leicester in granting me the study leave that enabled me to write this book.

Contents

List of illustrations

The publisher and the author apologize for any errors or omissions in the above list. If contacted they will be pleased to rectify these at the earliest opportunity.

Preface

As I argue in chapter 6, crises are a normal feature of a capitalist economy but the one we are now in is generally considered to be the worst since the 1930s. I welcome the opportunity provided by this preface to take account of it.

The immediate origins of the current crisis lay in a house market bubble in the USA, which also occurred in many other countries, including the UK. Prices seemed to rise endlessly, making houses an apparently safe investment, both for those buying and those lending. Banks competed aggressively to lend, with commission payments and bonuses spurring their salespeople on. This competition was so intense that some were willing to lend far more than the value of a house, up to 125 per cent of it in the case of the UK's Northern Rock. Another practice, common in the US, was to lure in borrowers by offering loans at initially very low rates of interest. Banks were eager to lend not just because of the interest they could earn but more importantly because they could 'securitize' them, packaging them up and selling them on to other financial institutions looking for apparently safe and profitable ways to invest their money.

House prices could not go on rising for ever and it was hardly surprising that the house market bubble eventually burst. Few, however, expected that this would lead to a full-blown and global crisis of capitalism. Why did this happen?

Many so-called 'sub-prime' borrowers had been persuaded to take loans they could not afford to service. When house prices began to fall, the financial institutions which had made the loans or bought them as investments faced problems in getting their money back through repossession. But what really turned this situation into a crisis was the heavy indebtedness of these institutions. They had themselves borrowed vast amounts of money, often from abroad, to make the loans or buy the loan packages. Major US investment banks had borrowed as much as thirty times their capital.

The banks had made good profits from this 'leverage' and their share prices had risen, but they seemingly did not realise how dangerous their situation was. They thought they were safe, because they had used sophisticated new financial techniques that were supposed to eliminate risk, but these techniques were poorly understood and promised more than they could deliver. Apparently rock-solid US financial institutions—the New York investment banks Bear Stearns, Merrill Lynch and Lehmann Brothers, the mortgage finance corporations Fanny Mae and Freddie Mac, and the global insurance giant AIG—had hugely overextended themselves and faced bankruptcy.

The crisis then spread rapidly and globally. One big name after another had to be rescued by governments and, when Lehmann Brothers was allowed to go bankrupt, there was a global financial panic. Was any bank safe? Banks fearing that loans might not be repaid became very reluctant to lend to each other, and interest rates on loans between them rose. Those with huge debts tried desperately to rebuild their capital. Capital was hoarded.

This was no longer just a crisis for the banks. It spread through the whole economy because the hoarding of capital froze the financial system. Normal economic activity is lubricated by the movement of money between those with money to lend and those needing finance but the 'credit crunch' ground this movement to a halt. Ordinary companies needing to borrow to finance their daily activities found that loans had suddenly become very hard to obtain. Perfectly viable projects had to be put on ice. In the UK, school and hospital building programmes that required private capital became a casualty, while in order to keep the preparations for the 2012 London Olympics on track the government is having to replace private with public capital. Governments have tried desperately to get interest rates down and banks lending again.

Will this crisis end when governments have got the banks to resume their normal lending activities? The problem is that the crisis set off cumulative deflationary mechanisms. Bankruptcies, rising unemployment and falling wages, falling sales and prices, interacted to depress economic activity. Fearful of the future, people started to save more and spend less. Deflationary spirals of this kind are very hard to reverse, as the Japanese case, described in chapter 6, has shown. The current situation is, anyway, much more serious than that faced by Japan in the 1990s, for the rest of the world was not in a deflationary spiral at that time and there was still a good overseas market for Japanese goods. The deflationary spiral is now global and Japanese exports have plummeted.

The financial crisis has also triggered the bursting of a much bigger bubble. This is the debt bubble which has been building since the 1980s. More and more consumption, more and more economic activity, have been financed by debt. By the time that the crisis hit, total US debt had risen to well over three times the value of national income. It was cheap for consumers (and companies and banks) to borrow, because of low interest rates and the flow of money into the old industrial societies from the Far East and the Middle East. In these countries there was a high rate of saving and exports had generated a huge surplus that had to be invested somewhere. The flow of money into the old industrial societies was, in fact, crucial to the new producers, since it financed consumption of their exports.

Attention has focused on the failures of regulation and financial policy that allowed debt to grow to unsustainable levels but without a debt-financed consumption there would have been an earlier crisis of overproduction. The intense competition characteristic of capitalism, the technological advances driven by competition, and the spread of capitalist production to new countries all combined to push production to new heights. The only way that consumption could absorb the flood of products was through increasing personal debt. Accumulating debt had, however, only delayed a crisis of overproduction and, by allowing production to expand even further, actually made the eventual crisis worse. The post-crisis contraction of debt has now revealed this latent crisis, most evidently in the piling up of unsold cars. It is the overproduction tendencies in capitalism, which Karl Marx long ago drew attention to (see chapter 6), which are the fundamental problem.

Private debt has been contracting but public debt has been expanding. Governments have tried to counteract the deflationary spiral and increase consumption by reducing taxes and increasing spending but then face the problem of a growing public debt. The Keynesian rationale for these policies is clear, and the maintenance of a higher level of economic activity can keep the tax take higher and benefit costs lower than would otherwise be the case. Public debt must, however, be financed by someone and, if governments try to borrow too much, sources of credit may dry up. Public debt must, anyway, be serviced and eventually reduced by higher taxes and lower state expenditure, which will at some later stage hold back demand. The fundamental problem is that whatever governments may do, interacting declines in debt, consumption, and production appear pretty well inescapable.

Does this burst of state intervention mean that we are now in a new stage in the development of capitalism? In chapter 3 of this book I argue that 'remarketized capitalism', a third stage in its development, started in the 1980s. Arguably, a new stage is now due, since it was remarketized capitalism that generated the current crisis by giving market forces their head. Financial institutions were allowed to borrow freely and invest in any activity that caught their fancy. The intensifying competition between them resulted in the competitive lending practices that inflated the housing bubble. The casino-like speculation in derivatives (see the account of Nick Leeson's activities in chapter 1) then added fuel to the flames by driving down the share prices of banks in trouble. Suddenly all the talk is of a new era of tight regulation, the state supervision of financial activities, the nationalization of banks, the state support of industries in trouble, and the state creation of employment.

It would be wrong, however, to jump to conclusions and confuse emergency interventions with new directions. State bank ownership may prove temporary. There has not been any ideological shift in the UK Labour government's posture, as shown by its gradual and reluctant bank takeovers, driven by the perceived need to keep the financial system working rather than any belief in the virtues of public ownership. No large-scale reversal of the extensive privatizations dating from the 1980s seems likely. Capitalism may well stay remarketized.

It is important here to point out that, as argued in chapter 3, regulation itself is not alien to remarketized capitalism. Although *inadequate* regulation allowed the current crisis to develop, the creation of new regulatory bodies to prevent market abuse and maintain a level playing field was itself one of the main features of remarketized capitalism. State direction and state ownership are inimical to it but state regulation is actually essential to its functioning.

Much will no doubt depend on the extent and duration of the crisis. This is a deep and global crisis with production being scaled back just about everywhere. The economies of the US, the UK, the Eurozone, and Japan are all forecast to shrink during 2009. As in the 1930s, nationalism may make the crisis worse. Although everyone is publicly against protectionism, there is already plentiful evidence of countries seeking to protect their own industries and concentrate investment in their own economies. International trade is in decline and some fear that a process of deglobalization will take place, damaging all nations but hitting developing countries particularly hard.

Global gloom may, none the less, be overstated. Other parts of the world are at least forecast to continue to grow during 2009, notably China by eight per cent and India by six per cent, a reduced rate of growth but substantial growth nonetheless. Declining exports to the West certainly present China with a problem. However, a fifth of the world's population lives in China, and if saving can be reduced and consumption increased, the domestic market could give the economy a capacity for autonomous growth. In looking for a way out of the current global crisis a key issue is whether the orient can now itself generate growth or whether it is so tied by trade to the old industrial societies that they will all go down together, as in the 1930s.

James Fulcher, April 2009

Chapter 1
What is capitalism?

Merchant capitalism

In April 1601 the English East India Company sent its first expedition to the East Indies. After some 18 months its four ships, *Ascension*, *Dragon*, *Hector*, and *Susan*, had returned from Sumatra and Java with a cargo mainly of pepper. The success of this venture led to a second expedition by the same ships, which left London in March 1604. On the return journey *Hector* and *Susan* set off first, but *Susan* was lost at sea and *Hector* was rescued by *Ascension* and *Dragon*, which found her drifting off South Africa with most of her crew dead. *Ascension*, *Dragon*, and *Hector* made it back to England in May 1606 with a cargo of pepper, cloves, and nutmegs. The shareholders in these two voyages made a profit of 95% on their investment.

Despite the similar success of the third expedition in 1607, the fourth one in 1608, consisting of the ships *Ascension* and *Union*, was a complete disaster. The *Ascension* reached the west coast of India but was there wrecked by its 'proud and headstrong master', who drove his ship aground after ignoring local warnings about shoaling waters. The *Union* called in at a Madagascan port, where the crew was ambushed and the captain killed, but nonetheless the ship made it to Sumatra and loaded a cargo. On her way back, the *Union* was wrecked off the coast of Brittany. The investors in this expedition lost all their capital.

Capitalism is essentially the investment of money in the expectation of making a profit, and huge profits could be made at some considerable risk by long-distance trading ventures of this kind. Profit was quite simply the result of scarcity and distance. It was made from the huge difference between the price paid for, say, pepper in the spice islands and the price it fetched in Europe, a difference that dwarfed the costs of the venture. What mattered was whether the cargo made it back to Europe, though market conditions were also very important, for the sudden return of a large fleet could depress prices. Markets could also become saturated if the high profitability of the trade led too many to enter it. A glut of pepper eventually forced the East India Company to diversify into other spices and other products, such as indigo.

A large amount of capital was needed for this trade. An *East Indianman*, as the ships engaged in this trade were called, had to be built, fitted out, armed with cannon against Dutch and Portuguese rivals, and repaired, if and when it returned. The Company's shipyards at Blackwall and Deptford, which were major employers of local labour, required financing. Capital was also needed to stock outgoing vessels with bullion and goods to pay for the spices, with munitions, and with food and drink for the large crews they carried. On the Company's third expedition, *Dragon* had a crew of 150, *Hector* 100, and *Consent* 30 – in all 280 mouths to feed, at least initially. One reason for the large crews was to make sure there were enough sailors to get the ships back after the hazards of the expedition had taken their toll.

The East India Company's capital was obtained largely but not entirely from the rich London merchants who controlled and administered it. Aristocrats and their hangers-on were another source, and one welcomed by the Company because of their influence at Court. The Company's privileges depended on royal favour. Foreign money was also involved, mainly from Dutch

1. **East Indiaman, 1829**

merchants excluded by the rival Dutch East Indies Company. They were also a useful source of intelligence about that company's activities.

The first 12 voyages were each financed separately, with capital committed to one voyage only and the profits of the voyage distributed among its shareholders, according to traditional merchant practices. This was, however, a risky way of financing long-distance trade, for it exposed capital to a long period of uncertainty in far-away and unknown places. Risk could be spread by sending out several ships on each expedition, so that not all the eggs were in one basket, but whole expeditions could, nonetheless, be lost, as in 1608. The company shifted to a method of finance that spread risks over a number of voyages and then became a fully fledged joint-stock company, with, after 1657, continuous investment unrelated to specific voyages. In 1688 trading in its stocks began on the London Stock Exchange.

Risk was also reduced through monopolistic practices. Like its counterparts abroad, the English East India Company was closely intertwined with the state, which granted it a monopoly for the import of oriental goods and gave it the right to export bullion to pay for them. In exchange the state, always short of money, gained revenue from customs duties on the large and valuable imports made by the company. There was certainly competition but it was international competition, in the Indies between the English, the Dutch, and the Portuguese, and as far as possible eliminated within each country. Outsiders were always trying to break into the trade, and one of the key privileges bestowed on the East India Company by the state was the right to take action against 'interlopers'.

Markets were manipulated by buying up stocks and holding back sales. In the 17th century Amsterdam merchants were particularly skilled in these practices and busily established monopolies not only in spices but in Swedish copper, whale products, Italian silks, sugar, perfume ingredients, and saltpetre (an ingredient of gunpowder). Large warehouses were crucial to this and Fernand Braudel comments that the warehouses of the Dutch merchants were bigger and more expensive than large ships. They could hold sufficient grain to feed the entire country for 10 to 12 years. This was not just a matter of holding goods back to force up prices, for large stocks also enabled the Dutch to destroy foreign competitors by suddenly flooding the whole European market with goods.

This was certainly capitalism, for long-distance trade required a heavy investment of capital in the expectation of large profits, but a free market capitalism it clearly was not. The secret of making high profits was to secure monopolies by one means or another, exclude competitors, and control markets in every way possible. Since profit was made from trading in scarce products rather than rationalizing production, the impact of merchant capitalism on society was limited. Most of the European population could get on with their daily work without being affected by the activities of these owners of capital.

Capitalist production

In the 1780s two Scots, James M'Connel and John Kennedy, travelled south to become apprentices in the Lancashire cotton industry. After gaining experience and making some money in the manufacture of cotton machinery, they set up their own firm in 1795 with an initial capital of £1,770. They soon made good profits from cotton spinning, achieving a return on capital of over 30% in 1799 and 1800. They accumulated capital rapidly and by 1800 their capital had risen to £22,000, by 1810 to £88,000. By 1820 the company had three mills and had established itself as the leading spinner of fine cotton in Manchester, the global metropolis of cotton spinning.

This soon became a very competitive industry, however, and profits could not be sustained at the high level of the early 1800s. This was, indeed, largely because high profits had resulted in expansion and attracted new entrants. There were already 344 cotton mills by 1819 but by 1839 there were 1,815. Technical advances enabled huge increases in productivity during the 1830s, and competition drove companies to invest heavily in the new machinery. The bigger mills built at this time contained 40,000 spindles, as compared with the 4,500 or so of their predecessors. The costs of this heavy investment in buildings and machinery, together with the downward pressure of increased productive capacity on yarn prices, depressed the industry's profitability to low levels in the 1830s.

Profit depended ultimately on the workers who turned raw cotton into yarn. M'Connel and Kennedy's labour force grew from 312 in 1802 to around 1,500 by the 1830s. Much of this was cheap child labour and at times nearly half those employed were under the age of 16. In 1819 there were 100 children under the age of 10, some as young as 7, who worked from 6.00 in the morning until 7.30 at night.

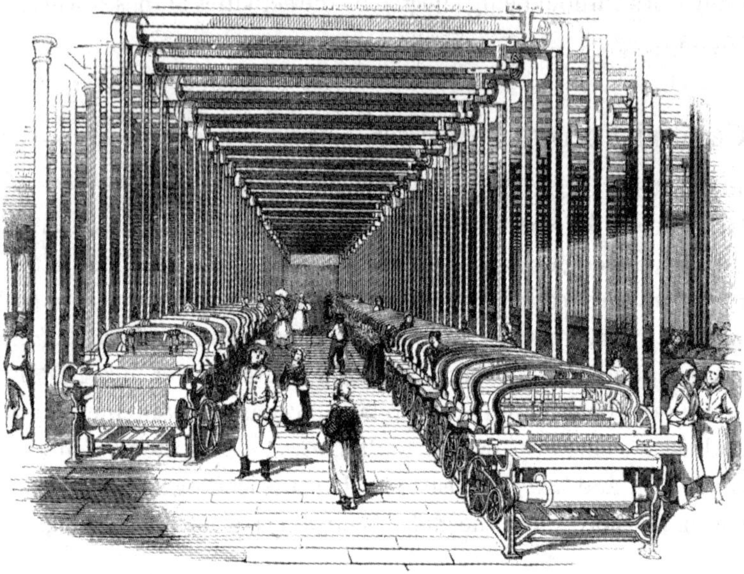

2. Power looms dominate a 19th-century cotton mill

Apart from the occasional heavy cost of new factories and new machinery, wages were the company's main cost. Its annual wage bill was over £35,000 by 1811 and over £48,000 by the mid-1830s. Wage costs were minimized not just by holding wage rates down but also by replacing craft workers with less skilled and cheaper labour, as the invention of automatic machinery made this possible. The cyclical instability of the industry resulted in periodic slumps in demand, which forced employers to reduce wages and hours in order to survive.

As industrial capitalism developed, conflict over wages became increasingly organized. The spinners defended themselves against wage reductions through their unions, organizing at first locally but then regionally and nationally. In 1810, 1818, and 1830 there were increasingly organized strikes, but these were defeated by the employers, with the assistance of the state, which arrested strikers and imprisoned union leaders. The employers had created their own associations, so that they could 'black-list' union militants, answer strikes with 'lock-outs', and provide mutual financial support. Vigorous action by the spinners' unions does seem, nonetheless, to have been quite successful, for wages remained stable, in spite of declining profitability and employers' attempts to reduce them.

The exploitation of labour was not just a matter of keeping the wage bill down but also involved the disciplining of the worker. Industrial capitalism required regular and continuous work, if costs were to be minimized. Expensive machinery had to be kept constantly in use. Idleness and drunkenness, even wandering around and conversation, could not be allowed. The cotton mills did indeed have trouble recruiting labour because people simply did not like long, uninterrupted shifts and close supervision. Employers had to find ways of enforcing a discipline that was quite alien to the first generation of industrial workers. They commonly used the crude and negative sanctions of corporal punishment (for children), fines, or the threat of dismissal, but some developed more sophisticated and moralistic ways of controlling their workers.

Robert Owen introduced 'silent monitors' at his New Lanark mills. Each worker had a piece of wood, with its sides painted black for bad work, blue for indifferent, yellow for good, and white for excellent. The side turned to the front provided a constant reminder, visible to all, of the quality of the previous day's work. Each department had a 'book of character' recording the daily colour for each worker. Discipline was not only a factory matter, for Owen also controlled the community. He sent round street patrols to report drunkenness and fined the drunks next morning. He insisted on cleanliness and established detailed rules for the cleaning of streets and houses. There was even a curfew that required everyone to be indoors after 10.30 p.m. in the winter.

As E. P. Thompson has emphasized, disciplined work was regular, timed work. It meant turning up every day, starting on time, and taking breaks of a specified length at specified times. Employers had a long battle against the well-established tradition of taking off, as additional 'saint's days', 'St Monday', and even 'St Tuesday', to recover from weekend drinking. Time became a battleground, with some unscrupulous employers putting clocks forward in the morning and back at night. There are stories of watches being taken off workers, so that the employer's control of time could not be challenged. Significantly, timepiece ownership spread at the same time as the Industrial Revolution and at the end of the 18th century the government tried to tax the ownership of clocks and watches.

Industrial capitalism not only created work, it also created 'leisure' in the modern sense of the term. This might seem surprising, for the early cotton masters wanted to keep their machinery running as long as possible and forced their employees to work very long hours. However, by requiring continuous work during work hours and ruling out non-work activity, employers had separated out leisure from work. Some did this quite explicitly by creating distinct holiday periods, when factories were shut down, because it was better to do this than have work disrupted by the casual taking of days off. 'Leisure' as a distinct non-work time, whether in the form of the holiday, weekend, or evening, was a result of the disciplined and bounded work time created by capitalist production. Workers then wanted more leisure and leisure time was enlarged by union campaigns, which first started in the cotton industry, and eventually new laws were passed that limited the hours of work and gave workers holiday entitlements.

Leisure was also the creation of capitalism in another sense, through the commercialization of leisure. This no longer meant participation in traditional sports and pastimes. Workers began to pay for leisure activities organized by capitalist enterprises. The new railway companies provided cheap excursion tickets and Lancashire cotton workers could go to Blackpool for the day. In 1841 Thomas Cook organized his first tour, an excursion by rail from Leicester to Loughborough for a temperance meeting. Mass travel to spectator sports, especially football and horse-racing, where people could be charged for entry, was now possible. The importance of this can hardly be exaggerated, for whole new industries were emerging to exploit and develop the leisure market, which was to become a huge source of consumer demand, employment, and profit.

Capitalist production had transformed people's work and leisure lives. The investment of capital in the expectation of profit drove the Industrial Revolution and rapid technical progress increased productivity by leaps and bounds. But machines could not work on their own and it was wage labour that was central to the making of profit. The wage bill was the employer's main cost and became the focus of the conflict between the owners of capital and, as Karl Marx put it, those who owned only their 'labour power', the capacity to make money through physical work. Workers were concentrated in factories and mills, where they had to work in a continuous and disciplined manner under the supervisor's watchful eye, but also now had an opportunity to organize themselves collectively in unions. Non-work activities were expelled from work time into leisure time and daily life was now sharply divided between work and leisure. Wage labour also meant, however, that workers had money to spend on their leisure life. The commercialization of leisure created new industries that fed back into the expansion of capitalist production.

Financial capitalism

On Thursday, 23 February 1995, Nick Leeson, the manager of Baring Securities in Singapore, watched the Nikkei, the Japanese stock market index, drop 330 points. In that one day, Barings lost £143 million through the deals that he had made, though he was the only one who knew what was happening. These losses came on top of the earlier ones of some £470 million that Leeson had kept hidden from his bosses. He knew the game was up and bolted, with his wife, to a hideaway on the north coast of Borneo. Meanwhile,

Barings managers, puzzling over the large sums of money that had gone missing in Singapore, tried desperately to find him. By the next morning it was clear that Baring Brothers, the oldest merchant bank in London, had sustained such huge losses that it was effectively bankrupt. Leeson tried to find his way back to England but was arrested in Frankfurt, extradited by Singapore for breaches of its financial regulations, and jailed for six and a half years.

Leeson had been trading in 'derivatives'. These are sophisticated financial instruments that *derive* their value from the value of something else, such as shares, bonds, currencies, or indeed commodities, such as oil or coffee. *Futures*, for example, are contracts to buy shares, bonds, currencies, or commodities at their *current* price at some point in the future. If you think that the price of a share is going to rise, you can buy a three months' future in it. After the three months have expired, you receive shares at the original price and make a profit by selling them at the higher price now prevailing. You can also buy *options*, which do not commit you to the future deal but allow you to decide later whether you want to go ahead or not.

The buying of futures can perform a very important function, since it enables the reduction of uncertainty and therefore risk. If the price of corn is high but the harvest is some way off, a farmer can lock into the existing price by making a deal with a merchant to sell the corn at this price in three months' time. Futures can also, however, be bought for purely speculative reasons to make money out of movements in prices. Financial futures of the kind that Leeson was trading in were more or less informed gambles on future price movements. This was what Susan Strange has called 'casino capitalism'.

Money could also be made from 'arbitrage', which exploits the small price differences that occur for technical reasons between markets. If you are able to spot these differences, calculate rapidly what they are worth, and move large sums of money very quickly, you can

(a) Above: Barings' 'star trader' Nick Leeson, after his release from prison in 1999

(b) Left: The 7th Baron Ashburton, Chairman of Barings at the time when Nick Leeson joined the company

3. The old and new faces of British financial capitalism

make big profits this way. Leeson found that he could exploit small differences, lasting less than a minute, between futures prices on the Osaka and Singapore stock exchanges. Operations of this kind could be carried out with little risk, since an immediate and calculable profit was taken from an existing, if short-lived, price difference.

Why then did things go so wrong for Leeson? He started down a slippery slope when he created a special error account, no. 88888, supposedly to handle innocent dealing and accountancy mistakes. This was the place where he hid his losses and he also found a way of concealing the accumulated end-of-the-month deficits by getting the Singapore 'back office' to make temporary but illegal transfers of money between various accounts. This and other manipulations bamboozled the auditors, who should have uncovered what was going on.

The existence of 88888 allowed Leeson to gamble with Barings' money. He could build his reputation by taking risks and trading aggressively on the futures markets, since any losses could be hidden. These *could* be covered by later trades and at one time he came close to breaking even, but if he had then closed 88888 down this would have ended the operation that made him the star dealer of Barings. Eventually his losses built up again and accumulated to the point at which they could no longer be concealed just by switching money around.

At this point he plunged into selling options, which, unlike futures, could immediately raise money to cover the monthly shortfalls in 88888. Leeson was gambling heavily on future price movements and the Tokyo stock market went the wrong way. As his losses increased, he raised the stakes by selling more and riskier options, supposedly on behalf of a mythical client called Philippe. When the Nikkei fell after the Kobe earthquake, his losses became so great that he tried single-handedly to force the market up by buying large numbers of futures. The downward pressures were far too strong and the market fell. By now, the losses and liabilities that he had built up were greater than the total capital of Barings.

Why did Barings allow all this to happen? They were a merchant bank which in 1984 had ventured into stockbroking by creating Baring Securities. This was a successful move and by 1989 dealings in mainly Japanese stocks and shares were accounting for half Barings' profits. Baring Securities then moved into the increasingly fashionable activity of derivatives trading. In 1993 Barings merged its capital with that of Barings Securities and in doing so fatally removed the 'fire-wall' protecting the bank from possible losses by its securities department. This was a particularly dangerous thing to do, since senior Barings managers had a poor grasp of the new game that they had entered, while no proper management structure had been put in place and financial controls were very weak. Fraud was an ever-present danger in this financially very complex world and Barings broke a golden rule by allowing Leeson to be both a trader and the manager of the Singapore 'back office', which checked the trades and balanced the books.

Leeson was apparently a very successful dealer who was making large profits for Barings and they backed him to the hilt. Ironically, when Barings crashed his bosses had just decided to reward his 1994 activities with a £450,000 bonus. As Leeson's operations drained increasing amounts of money from London and sent Barings hunting for loans around the world to cover them, Leeson's bosses actually thought they were financing profitable deals made by their star trader. It was not only the complexities of the financial markets and the extraordinarily weak financial controls within Barings that enabled Leeson to get away with things for so long, but also the corporate hunger for ever greater profits.

What then is capitalism?

We have examined three very different examples of capitalism. The various business activities involved are about as different as they could be, but all involve the investment of money in order to make a profit, the essential feature of capitalism. It is not the nature of the activity itself that matters but the possibility of making profit out of it. Indeed, it is typical of a capitalist society that virtually all economic activities that go on within it are driven by the opportunity to make profit out of capital invested in them.

Capital is money that is invested in order to make more money. By extension the term capital is often used to refer to money that is *available* for investment or, indeed, any asset that can be readily turned into money for it. Thus, a person's house is often described as their capital, because they can turn it into capital either by selling it or by borrowing on the strength of it. Many small businesses are indeed set up in this way. It is, however, only possible to turn property into capital if its ownership is clearly established, its value can be measured, its title can be transferred, and a market exists for it. A characteristic feature of the development of capitalist societies is the emergence of institutions that enable the conversion of assets of all kinds into capital. Hernando de Soto has argued persuasively that it is the absence of these institutions, above all functioning systems of property law, that frustrates the emergence of local capitalisms in the Third World. He claims that an enormous amount of value that is locked up in property cannot therefore be realized and put by entrepreneurs to productive use.

Capitalists existed before capitalism proper. Since the earliest times merchants have made money by investing in goods that they sold at a profit. As we saw with the East India Company, a merchant capitalism of this kind could be highly organized and very profitable, but it was an activity that involved only a small part of the economy. Most people's livelihoods did not come from economic activities financed by the investment of capital. In capitalism proper the whole economy becomes dependent on the investment of capital and this occurs when it is not just trade that is financed in this way but production as well.

Capitalist production is based on wage labour. A clear line of division and conflict emerges between the owners of capital, who own what Karl Marx called 'the means of production', and those who sell their labour in exchange for wages. The means of production are the workplace, the machinery, and the raw materials, which in pre-capitalist societies were owned not by the owners of capital but by the craftsmen who made the goods. A wage (or salary) is the price paid by the employer for labour sold by the worker. Just as a capitalist will invest money in any activity that brings a profit, a worker can find employment in any activity that pays a wage.

In a capitalist society, both capital and labour have an abstract and disembedded quality, since both are separated from specific economic activities and are therefore able in principle to move into any activity that suitably rewards them. In real life this mobility is constrained by the existing skills and experience of both the owners of capital and workers, and by the relationships and attachments that they have formed. The potential mobility of capital and labour is, nonetheless, one of the features of capitalist societies that gives them their characteristic dynamism.

Wage labour is both free and unfree. Unlike slaves, who are forced to work by their owners, wage labourers can decide whether they work and for whom. Unlike the serfs in feudal society, who were tied to their lord's land, they can move freely and seek work wherever they choose. These freedoms are, on the other hand, somewhat illusory, since in a capitalist society it is difficult to survive without paid work and little choice of work or employer may be available. Wage labourers are also subject to tight control by the employer and, as we saw in the cotton mills, capitalist production meant a new kind of disciplined and continuous work. Workers had become, as Marx put it, 'wage slaves'.

The importance of wage labour is not only its role in production but also its role in consumption. Wage labourers cannot themselves produce what they need or may wish to consume, they have to buy it, thereby providing the demand that activates a whole range of new capitalist enterprises. This applies not only to their food and clothing and personal possessions but to their leisure activities as well. As we saw earlier, capitalist production rapidly led to the creation of whole new industries based on the commercialization of leisure. This double role of wage labour, which enabled the dynamic interaction of production and consumption, explains why capitalist production expanded so very rapidly once it had got going.

Markets, like merchants, are nothing new, but they are central to a capitalist society in a quite new and more abstract way. This is because production and consumption are divorced – people do not consume what they produce or produce what they consume – and are linked only through the markets where goods and services are bought and sold. Instead of being a place where you can buy some extra item that you do not produce yourself, markets become the only means by which you can obtain anything. They are no longer located just in market-places but exist wherever buyers and sellers make their exchanges and, nowadays, this commonly means in some electronic space where prices are listed and deals registered. This applies not only to goods and services but also to labour, money, and capital. The wage, that is the price, for labour is established on a labour market, where employers compete for labour and workers compete for jobs. Money itself is bought and sold on currency markets. The ownership of companies is bought and sold in stock exchanges.

As we saw with the cotton mills, markets generate intense competition between capitalist enterprises. They compete in many different ways by, for example, exploiting labour more efficiently or using technical innovation to reduce costs or market products more effectively. Competition forces companies into constant change as they seek to beat the competition or at least keep up with it. Some of course fail and go under, throwing their employees out of work. This competitiveness, which contrasts strongly with the monopolistic practices of merchant capitalism, makes capitalist production exceptionally dynamic.

Capitalist enterprises have, nonetheless, found ways of reducing competition. Those with an edge over their rivals may relish the cut and thrust of competition, but this also creates uncertainty, reduces profits, and causes bankruptcies. Companies thus form trade associations to regulate competition. The market can be rigged by agreeing not to engage in price competition or deciding that all will pay the same wage rates. Competition can also be reduced by mergers and take-overs which concentrate production in fewer hands. There is in capitalism always a tension between competition and concentration, which are equally characteristic of it.

Since prices change, any market provides an opportunity to make money through speculation. This occurs when something is bought in the expectation of selling it, without increasing its value by processing it in some way, at a higher price in the future. It can occur in relation to almost any commodity. It may be grain, it may be a currency, it may be a derivative, it may be a slave. Speculation of this kind is often regarded as an unproductive and parasitic activity that is wholly separable from the real economy where goods and services are produced. Unproductive it may often be, but it is not just a means of making money through speculation but also a way of avoiding risk. Since the relationship between supply and demand is always changing, markets are unstable. The building up and storage of stocks is a means of insuring against some adverse price movement that could destroy profit and wipe out a business. Trading in futures, of the kind that Leeson speculated in, is another way of reducing uncertainty and originated long ago as a sophisticated way of protecting producers and traders against unpredictable future movements in prices.

The huge growth in the trading of currency during the 1980s and 1990s followed the shift from fixed to floating exchange rates in the 1970s, which created much greater uncertainty about future currency values. One way of reducing this uncertainty was to 'hedge' one's bets by buying currency futures. So, though the vast bulk of trading in currency futures is undoubtedly speculative, the expansion of this market and the financial innovations associated with it were grounded in real economic needs.

The same argument applies to the speculative trading of company shares. The existence of markets for capital is central to capitalism. They are essential to its functioning since they bring together those seeking to finance economic activities and those with money to invest. Since the stock market prices of companies change, as their economic situation and profitability changes, there are inevitably opportunities for speculating on future price movements. Speculation is not something separate from capitalism but an inevitable outgrowth of its essential machinery.

So, the answer to our question is that capitalism involves the investment of money to make more money. While merchants have long done this, it is when production is financed in this way that a transformative capitalism comes into being. Capitalist production depends on the exploitation of wage labour, which also fuels the consumption of the goods and services produced by capitalist enterprises. Production and consumption are linked by the markets that come to mediate all economic activities. Markets enable competition between enterprises but also generate tendencies towards concentration in order to reduce uncertainty. Market fluctuations also provide the basis of a speculative form of capitalism, which may not be productive but is, nonetheless, based on mechanisms that are central to the operation of a capitalist economy.

Chapter 2

Where did capitalism come from?

Capitalism made its breakthrough in Britain. So it is logical to ask what it was about Britain that provided particularly fertile ground for its growth. Indeed, some accounts of the origins of capitalism content themselves with answering this question. Ellen Meiksins Wood's recent book finds its origin in England and, perhaps surprisingly, in agriculture, in the relationships between landlords, tenants, and peasants. The first section of this chapter pursues a similar line of argument that owes much to her approach. But can we stop there? This chapter goes on to argue that capitalism must be seen ultimately as a European phenomenon. In exploring the origins of capitalism, the question is not so much why it developed in Britain but why it emerged in Europe.

Why Britain?

Britain in the 19th century was the first industrial society, but it was the breakthrough of capitalism in the 18th century that made 19th-century industrialism possible. The spread of market relationships and the growth of consumption generated a large enough demand to make investment in industrial production worthwhile. The need to earn money to spend on goods made people seek industrial employment, even though industrial work was monotonous and factory conditions were often grim. The control of labour by the owners of capital enabled them to increase productivity by concentrating workers in factories, introducing machinery and organizing labour in new ways.

Relationships between employers and workers in the 18th century already provide clear evidence of capitalist relationships. Trade unions and industrial conflict are generally associated with the 19th century, but organized conflicts of interest between labour and capital were already occurring in the 18th. During this century most craft workers organized themselves at some stage into 'combinations', the forerunners of trade unions. They did this quite simply because collective organization was the only means by which they could protect themselves from the capitalist employers' attempts to cheapen their labour by paying lower wages or employing less skilled workers.

The wool-combers of the clothing industry in the south-west were one of the first to organize themselves in this way. In 1700 the Tiverton wool-combers formed a 'friendly society', which tried to establish a minimum wage and prevent clothiers employing non-members. They engaged in violent disputes with employers who wanted to import already combed wool from Ireland, an early example of the now familiar strategy of exploiting cheaper labour abroad. The wool-combers responded by burning Irish wool, and attacking the houses of clothiers, attacks on property that resulted in pitched battles with the local constabulary.

It was also in 18th-century Britain that typically capitalist ways of thinking about the economic basis of society were first put forward. The merits of the division of labour, competition, the free operation of the market, and production for profit were clearly laid out by Adam Smith. The key thinkers of this time were examining the mechanisms and principles of the capitalist economy that they saw emerging all around them. Their ideas were then criticized but incorporated, with a rather different ideological spin, in Karl Marx's 19th-century analysis of the dynamics of capitalism.

Why had capitalist production become so extensive in 18th-century Britain? One possible explanation lies in the prior growth of merchant capitalism. As we saw in the first chapter, merchant capitalism, particularly in the shape of the East India Company, developed strongly in the 17th century. Once capital had been accumulated in this and other trading ventures, it could be invested in production. Furthermore, international trade enabled the growth of worldwide markets for the goods produced by capitalist industry and in the 19th century the Lancashire cotton industry became largely dependent on the Indian market. Merchant capitalism also created new ways of investing and trading in company shares.

Merchant capitalism was not, however, as closely linked to capitalist production as these arguments would lead one to suppose. It was domestic rather than overseas demand that lay behind the growth of production in the 18th century. Furthermore, as we saw in Chapter 1, those organizing international trading ventures were not, in any case, concerned with reducing the costs of production so much as making money out of the huge differences between the prices paid for goods in the East and the prices at which they could be sold in Europe; they were more interested in manipulating markets than organizing labour. If they wished to invest their capital in other ways, they were more likely to lend it at a good rate of interest to governments, particularly to rulers seeking to finance their frequent wars.

The origins of capitalist *production* in Britain are to be found less in merchant capitalism than in the earlier growth of production, consumption, and markets in 16th-century England. Indeed, the appearance of large enterprises, in, for example, coal mining, has led some to argue that an industrial revolution was already occurring in the 16th century. Most production at this time was, however, small-scale and carried out on a workshop or household basis, hardly industrial in the modern sense of the word. But there was, nonetheless, a remarkable growth in the manufacture of clothing and ordinary household goods, such as buttons and ribbons, pins and nails, salt, starch and soap, tobacco pipes, knives and tools, locks, pots and pans, tiles and bricks. Wage labour was becoming increasingly common and over half the households in 16th-century England were at least partly dependent on wage labour. This meant that people increasingly had money to buy such goods and market relationships were becoming more important in their daily lives. Uniquely in Europe, a national market based on traders operating out of London had already emerged at this time.

With the growth of wage labour came the first stirrings of class organization. We saw above that in the 18th century craft workers were becoming extensively organized in 'combinations'. The very beginnings of worker organization can, however, be found considerably before this. 'Journeymen's societies' were well established in 16th-century Britain and can be traced back to the 14th. Journeymen, literally 'day-workers', were employed by a master for a short period of time. They varied in skill but were commonly craftsmen who had completed an apprenticeship but not yet acquired sufficient skill and experience to qualify as a master. Increasingly masters tried to keep them as cheap labour by obstructing their qualification as masters and excluding them from the guild organizations that controlled the crafts. The journeymen's response was organization, to defend their status and bargain collectively for improvements in wages and working conditions. Although there was still much that was medieval in the ritual activities of their associations, they also used quite modern weapons. In Coventry in 1424 the journeymen in the clothing trade went on strike for higher wages and the town authorities had to intervene to bring about a settlement. Thus, at this early time, craftsmen were already becoming divided into an employing and a labouring class that were in conflict with each other.

Little capital was at this stage involved in most craft production, but in some trades, notably clothing, a new form of production, the 'putting-out system', was coming into existence. In the case of clothing, merchants used their capital to buy wool and put this out to spinners and weavers, before collecting the cloth, distributing it to other crafts for finishing off, and finally selling it. Although this system was organized by merchants, they were much closer than those engaged in international trading ventures to the production process. They were, indeed, commonly craftsmen by origin.

This was a clear and important step on the road to capitalist production. It was not capitalist production proper, for the owner of the capital owned the raw material and the product but did not own the whole of the means of production. Weavers, for example, generally worked at home on their own looms. Production was dispersed through many small units and the merchant did not control the production process or directly supervise the worker. However, in later forms of this system weavers might rent their looms from their capitalist employer, or rent workplaces in workshops owned by the employer, who thereby acquired greater control over them. The putting-out system shaded into the modern factory, though it also persisted alongside it and in the textiles industry still does, for in this industry finishing-off work is still commonly put out to home workers.

Thus, we can trace the origins of capitalist production a long way back, to the 16th century and earlier. What was it about British society that accounts for these early tendencies towards capitalism? Arguably, it was changes in the social relationships of the countryside.

Feudal lords had lived off their rights to produce, labour, or money payments from an unfree peasantry that was tied to the land, but in the 15th century market relationships were beginning to supersede feudal ones. Lords were becoming landowners, who lived off the rent paid by tenant farmers, who competed in a market for these tenancies. The land was worked increasingly by wage labour and was also becoming property that could be bought and sold.

The enclosure movement, which began in the late 15th century and continued intermittently into the 19th, symbolizes these changes in land ownership. This movement fenced off land, sometimes turning what had been common land available to all into private property, and forcing off the land local people who had relied on their right to exploit common land. Sometimes enclosure simply reorganized the traditionally scattered parcels of land held by particular individuals into single, more easily managed, units. The outcome was the division of land into distinct blocks owned by particular individuals. Thus, enclosure cut through complex medieval patterns of land usage and turned land into marketable property.

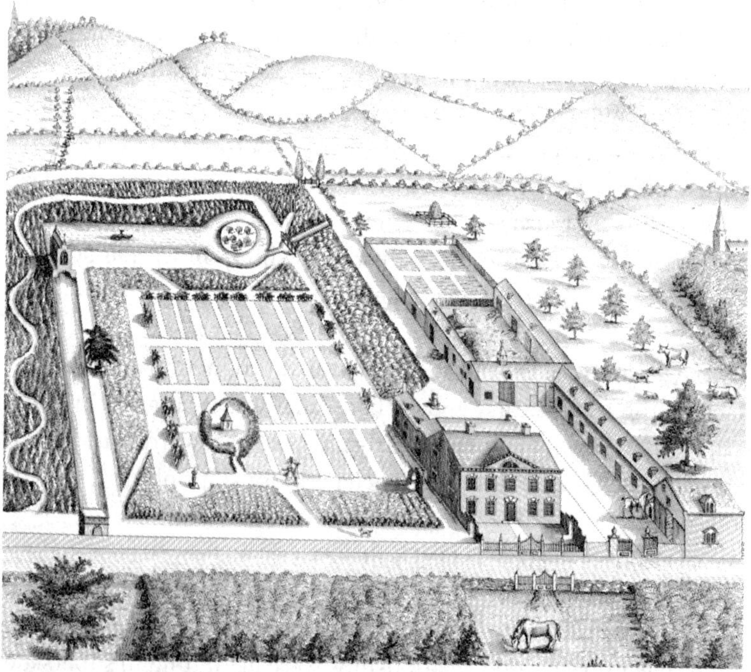

4. The landscape of enclosure: the mid-18th-century estate of David Wells at Burbage in Leicestershire, showing a model farm surrounded by enclosed fields

A market-oriented agriculture contributed to the development of capitalist production in crucial ways. Competition between farmers resulted in innovation and a greater productivity that enabled them to provide food for a growing non-agricultural population. The farmers who marketed their produce, and their waged agricultural workers, had money to spend on consumer goods. Greater agricultural efficiency released labour for employment in making these goods, which were, indeed, produced increasingly in the rural areas where new centres of production were emerging.

Why did market relationships replace feudal ones? One commonly argued reason for the decline of feudal relationships was the impact of the Black Death. In 15th-century England the feudal lords' ability to enforce their rights and control the movement of a subject peasantry had collapsed, largely as a consequence of this disease. The Black Death had reduced the population by around a third in the mid-14th century and empowered a now much smaller agricultural labour force to resist lords' attempts to enforce their rights. Since labour was scarce, peasants could flee oppressive lords and find employment elsewhere. The Black Death was, however, a European phenomenon, which did not have the same consequences everywhere, and cannot itself explain the earlier decline of feudalism in Britain.

So, why did feudalism decline earlier in Britain? Arguably, because it had been less solidly established here. In feudal societies judicial and military authority were dispersed to local lords. They used the power that this decentralization of right and might gave them to subordinate and exploit the peasantry. England had, however, been a relatively unified, orderly, and cohesive monarchy since the Norman conquest in 1066. By the 16th century, under the Tudors, it had become the least feudal and the most unified and centralized of European states. The English ruling class had therefore been less able than its continental counterparts to use its local military power to extract a surplus from the peasantry. It relied more on the economic mechanisms provided by landownership, rent, and wage labour. A relatively unified state also facilitated the emergence of a national market.

So, in seeking an answer to the question – Why was Britain the first capitalist society? – we end up in 1066. But this is not to suggest that the arrow in the eye of King Harold caused capitalism to develop in Britain! It is rather that the consequences of the Norman conquest eventually produced a society more favourable than other European societies to the emergence of a fully fledged capitalism.

Capitalism in Europe

Although Britain was the first society in which production in general became capitalist, there are plentiful examples of the emergence of capitalism elsewhere in Europe. Indeed, the techniques of capitalist organization were at times much more advanced in other European societies.

Capitalist production already had a long history in Europe. The putting-out system seems to have originated in either Flanders or Italy, and had become widespread in 14th- and 15th-century Germany. In Flanders it was initially organized by master weaver-drapers who required little capital for their operations, but by the 13th century the growth there of a luxury cloth trade, with a more complex production process, led to the emergence of 'merchant-entrepreneurs' employing large amounts of capital. This industry imported English wool. The commercialization of agriculture in England was therefore linked to capitalist cloth production in Flanders, clear proof of the need to treat capitalism as European in character.

Merchant capital also became heavily involved in continental mining operations. At the end of the 15th century, merchant capitalists reorganized mining in northern and central Europe. After deposits close to the surface had been exhausted, deep mining, whether of copper, gold, silver, or lead, required large amounts of capital and this provided an opportunity for merchants, such as the Fuggers of Augsburg, to move in and take control of production. The Fuggers had made their fortune from trade and loans to the Hapsburg emperors but then increased it further by investing in mining operations in Austria and Hungary. Their Hungarian mine employed hundreds of workers and was highly profitable. It was in the mines of central Europe that the previously independent miners became wage labour, and the word *arbeite*, German for worker, first came into use at this time.

There were also early signs of a movement towards capitalist production in some continental cities. This was particularly evident in the rapidly developing printing industry. Even though most printing works were small, capital was required to buy the presses and pay for wages, paper, and type. Profits depended on keeping the cost of labour down and there were frequent conflicts between print-masters and their workers, who became highly organized in journeymen's associations. There was a big printers' strike in Lyons in 1539, which spread to Paris in 1541, and there were further flare-ups in these cities in 1567 and 1571.

Capitalist production was then developing all over Europe, not just in Britain, but the growth of capitalism should not be seen just from the perspective of production. The early development of the commercial and financial techniques of capitalism occurred outside Britain. Merchant capitalism was more developed in 17th-century Holland than 17th-century Britain, and key innovations in company finance were made by the Dutch East India Company, well before they were adopted by its British counterpart. The Dutch company's capital was made permanent in 1609. Investors now received dividends from a 'joint-stock' company and could no longer withdraw their capital, though they could sell their shares. This innovation gave companies a more permanent and independent existence by enabling them to build up their capital on a long-term basis. It also created a market in shares and it was no accident that a stock exchange was established in Amsterdam at the same time.

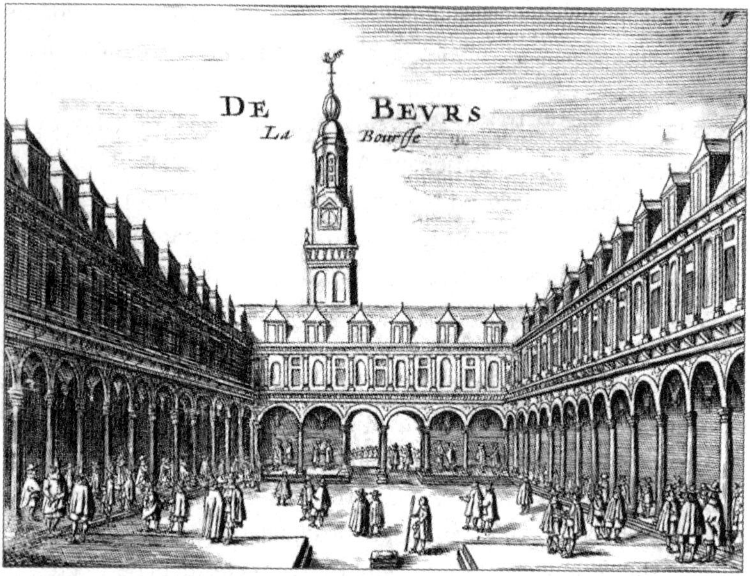

5. The Amsterdam stock exchange, built 1608–13

As we saw in the first section of this chapter, these innovations in merchant capitalism probably had little to do with the growth of capitalist production. The world of the East Indies companies and associated stock markets had little connection with manufacturing. Indeed, the early stages of industrialization in Britain were not financed by investment through joint-stock companies, as the account in Chapter 1 of the rise of M'Connel and Kennedy shows. Most early industrial enterprises were relatively small operations that were funded by families or local loans and then accumulated capital from their profits.

Financial innovations were, however, critical to the growth of the large industrial corporations that in the later 19th century came to dominate capitalist production. If we are to understand the origins of the capitalist world that we live in, an understanding of the growth of large corporations is arguably as important as an understanding of the emergence of capitalist production itself. The great break with the past was not so much the rise of capitalist production, which emerged very gradually through a series of small steps, but the establishment of large, capital-intensive operations organized by great corporations. From this perspective, the financial innovations of merchant capitalism in 17th-century Holland were of immense importance.

These innovations can themselves be traced back from 17th-century Holland to 16th-century Antwerp. There, merchants had developed new ways of financing their trading ventures and spreading risk by drawing on the capital of a wider circle of 'passive' investors. Antwerp was also the centre of a financial revolution based on bills of exchange. These had long existed as a crucial lubricant of trade, for they enabled merchants to pay locally for goods they had bought somewhere else, maybe on the other side of Europe. In the 16th century they were no longer tied to particular trading transactions but became a means of moving money around internationally, thereby enabling the creation of a European capital market. There were also the beginnings of futures trading with the establishment in Antwerp of a commodities market called the 'English House', where contracts to buy English wool were traded without wool ever changing hands.

And we can go back further, for the forerunners of these methods of raising capital and financing trade can be found in the Italian cities, notably Genoa and Venice, of the 12th century. The earliest form of bills of exchange originated in late 12th-century Genoa. The risks of international trade led merchants in the cities to develop new forms of partnership to finance voyages and share risks and profits. By the 14th century advances in book-keeping enabled a much closer control of international trading operations. Innovations of this kind, which figured prominently in early accounts of the history of capitalism, have been sidelined by the more recent emphasis on the development of capitalist production. An understanding of the origins of the corporate and financial capitalism that dominate the contemporary world requires that we put them back in.

These innovations could spread rapidly from the financially and commercially most advanced centres in first Italy, then Flanders, then Holland through the trading and financial networks that criss-crossed Europe, for medieval business was European in its scope. The leading Italian merchant and banking houses had branches in Flanders, England, and France in the 14th century. They even financed the overseas military adventures of the kings of England.

It was also not just business relationships that created such networks but the movement of refugees, particularly in the 16th and 17th centuries. In the second half of the 16th century refugees from Italy and Flanders carried their knowledge, skills, and capital to other countries, to Switzerland, Germany, Holland, and England. The Huguenots, French Protestants with Calvinist beliefs, migrated or were expelled to England and Switzerland and there started new industries, such as lace-making, silk manufacture, and watch-making. Jewish merchants were expelled from Iberia and dispersed all over Europe, some moving to Antwerp and, after their expulsion from there, to Amsterdam.

Its openness to refugees contributed significantly to the development of capitalist production in England. In a discussion of England's economic rise that resonates interestingly with today's debate on immigration, Carlo Cipolla has argued that the economic contribution of refugees has been neglected and comments on the 'extraordinary cultural receptiveness' of Elizabethan England. Indeed, deliberate efforts were made at this time to revive declining clothing industries by bringing in from France and Flanders refugee craftsmen familiar with the latest techniques and products. It was not only the textiles industry that benefited, for new techniques in glass-making, paper-making, and iron-working were also brought in by refugees.

Refugee movements were generated by the religious intolerance and wars of religion that followed the Reformation and

Counter-Reformation, though it was not only for religious reasons that people migrated. The economic disruption caused by warfare and military occupation was another major reason for the exodus from Flanders to Holland. It is also not easy to distinguish economic refugees from refugees of conscience and belief, as in today's world. The areas the refugees left were broadly speaking those that were economically stagnant or in decline and those where they settled were in the forefront of economic development. Economic leadership shifted from Italy to Germany and Flanders, then to Holland, and only later to Britain. Although, as we have seen, both consumption and production had been growing steadily in Britain for centuries, it was not until the 18th century that Britain overtook Holland to become the leading capitalist country in Europe.

Changes in economic leadership could result from shifts in trade, the impact of war, or political and religious change, but they were, as in our own day, partly the result of international competition and the self-undermining consequences of success. Thus, Italian economic decline in the 16th century resulted partly from the shift of trade from the Mediterranean to the Atlantic but was also the result of competition from lower-cost producers in northern Europe. The Italian cities had provided an environment in which crafts could flourish and make high-quality goods, but wages had risen, while the guilds and their regulations prevented innovation. Local attempts to stamp out lower-cost production in rural areas only made the situation worse. The less developed countries of northern Europe, like some less developed Third World countries today, could out-compete the established centres of production.

Thus, while one may reasonably ask why Britain was the first country in which production became capitalist, it is quite wrong to seek the origins of capitalism solely in Britain. This is partly because crucial features of capitalist organization originated outside Britain. It is above all, however, because distinct national capitalisms did not exist at the time when capitalism was emerging. Business networks were European, merchants and workers moved around between countries, and different parts of Europe led the development of capitalism at different times.

Why Europe?

What was it that made Europe the birth-place of capitalism? Virtually every distinctive feature of European society has been advanced by someone as *the* explanation of the emergence of capitalism in Europe.

One possible answer lies in Europe's cities. There has already been much reference in this chapter to the role of cities in the development of capitalism. The Italian cities, then Bruges, Antwerp, Amsterdam, and London, were the source of key innovations in financial and commercial techniques. One of the distinctive features of European society was the emergence in Italy, Flanders, and Germany of networks of relatively independent city-states where commercial and financial, rather than landed, interests ruled.

Cities played an indispensable role, but there are problems with making them *the* explanation of the emergence of capitalism in Europe. There was certainly a period between the 11th and 13th centuries when cities became increasingly independent, but in the centuries that followed they lost much of their autonomy, first to resurgent feudal rulers and then to the nation-state. Also, capitalist production developed more strongly in the countryside than the city, for the guilds in the cities obstructed the ruthless capitalist pursuit of new methods and cheaper labour. Furthermore, as argued in the first part of this chapter, in Britain at least changes in agriculture were crucial to the growth of capitalist production.

Perhaps the answer lies in feudalism itself. The relationship between feudalism and capitalism is intriguing and paradoxical. In many ways feudalism appears quite opposite in character to capitalism. Under feudalism, power and wealth were linked to the control of land not the ownership of capital. Production was not for the market but for consumption by the producer and the lord, who used physical rather than economic coercion to extract the surplus from the producer. There was no 'free' wage labour, for agricultural labour was tied to the land. How could such a society give rise to capitalism?

Although feudal societies have been viewed as reservoirs of anti-capitalist conservatism, they were in many ways flexible and dynamic. Such key features of capitalism as markets and wage labour could emerge within feudal society, and more easily than in either slave-based societies, such as ancient Rome, or the self-sufficient peasantries found in much of the rest of the world. Under feudalism producers had, on the one hand, some degree of freedom, because, unlike slaves, they had limited and specified obligations to their lord. On the other hand, unlike independent and self-sufficient peasants, they were forced to produce a surplus.

A transition to a market economy could also be made relatively easily. Peasants' obligations to provide labour services or produce for the lord could be replaced by money payments, which in turn meant that peasants had to earn money through wage labour or the sale of produce in markets. Lords themselves stimulated trade and manufacturing by spending their ill-gotten gains on luxury products. The class conflict inherent in feudalism could also contribute to this transition, for lords were constantly devising new ways of extracting money from the peasantry, who fought back by exploiting labour shortages to free themselves from feudal obligations and obtain wages in exchange for their labour.

One must add that feudalism did not inevitably shift into capitalism in this way. It did so in Western Europe but not in Eastern Europe, where landowners actually increased the feudal exploitation of the peasantry in the 16th century, in order to make more money from the export of grain to the cities of Western Europe. Thus, the economic development of Western Europe for a time at least intensified feudalism elsewhere. Feudalism had the *potential* to evolve into capitalism but whether it did so or not depended on other factors. In a well-known contribution to the debate on this question, Robert Brenner has argued that the peasants' capacity to organize against their feudal lords and free themselves from feudal bonds was here critical. In the West lords had less control of villages than they had in the East.

Another approach starts from the multi-state political structure of Europe. After the collapse of Rome no ruler was able to establish imperial control over the whole of Europe, though many tried. Some have explained this failure by reference to the ethnic diversity stemming from the multiple barbarian invasions that destroyed Rome. The inability to construct successor empires resulted also from the feudal structure of medieval monarchies. The military and financial weakness of feudal rulers dependent on the military service of unreliable followers and unable to mobilize sufficient resources doomed their imperial ventures to failure. The absence of a Europe-wide empire and feudalism were in this case two sides of the same coin, and we return to feudalism by another route.

But why was the multi-state structure so conducive to the rise of capitalism? The argument here is in part a negative one, for it is claimed that imperial bureaucracies inhibit capitalist dynamism through their taxes, their regulations, and their general subordination of economic development to political stability. There is also the positive point that Europe did not fall into anarchy, for kingdoms were constructed that provided the minimal degree of order necessary for economic development.

The multi-state character of Europe also made it possible for entrepreneurs to move from countries where the economic environment was deteriorating to those providing more favourable conditions for enterprise. Thus, the stifling effects of the rise of the Counter-Reformation state in Italy and Flanders did not halt the development of capitalism because people could move to places where the political regime was less bureaucratic and more tolerant.

As we saw earlier, one of the striking features of the development of capitalism in Europe was the periodic movement of its leading edge from one country to another. As conditions deteriorated in one area, entrepreneurs could find pastures new somewhere else.

Perhaps, however, it was distinctive ideas rather than distinctive structures that resulted in the development of capitalism in Europe. Religious beliefs motivate people, give their actions meaning, and regulate their behaviour through norms that specify how they should live and what they are allowed to do. There is certainly no doubt that powerful religious institutions penetrated into every corner of people's lives in medieval Europe. Were there connections between Christianity and the development of capitalism?

The best-known connection is that made by Max Weber between the 'Protestant ethic' and the 'spirit of capitalism'. Weber was not, it should be noted, arguing that Protestantism caused capitalism but rather that it provided a set of ideas that motivated people to behave in capitalist ways. Protestant beliefs, especially those of the Calvinists (or Puritans, as they were called in Britain), drove people to lead an abstemious life, to save rather than spend, and therefore resulted in the accumulation of capital. Protestants also believed that God should be served not by a religious withdrawal from life but through the proper conduct of the occupation that God had called them to perform. Protestantism brought the religious discipline of the monastery into everyday economic activity and Weber quotes a 16th-century Protestant theologian declaring that 'you think you have escaped from the monastery, but everyone must now be a monk throughout his life'.

This puritan work ethic certainly left its imprint on the attitudes towards work and money typically found in the capitalist societies of northern Europe and North America but, as an explanation of the emergence of capitalism, it has been found wanting. Plentiful examples of Calvinist entrepreneurs can be found, and there was greater economic growth in countries where Calvinism had taken root, but there is not enough evidence that it was Calvinist *beliefs* that were crucial to the emergence of capitalism. Indeed, Henry Kamen has convincingly argued that it was not the religious beliefs of Protestant entrepreneurs but their refugee status that accounted for the apparent relationship between Calvinism and capitalism.

Similarly, Trevor-Roper argued that the Counter-Reformation state drove entrepreneurs out of Catholic areas, notably Italy and Flanders, which had previously been the leading economic centres, into the Calvinist countries of northern Europe. This was partly due to a new religious intolerance, which forced out not only Protestants but also Jews and non-fanatical Catholics with broadly humanistic beliefs, of the kind typically held by Catholic entrepreneurs. It was also because the bureaucracy and high taxation of the Counter-Reformation state were inimical to entrepreneurial activity. Some of the refugees were Calvinist by belief but others became Calvinist by convenience because they ended up in areas where Calvinism was the local religion.

The other side to the debate around the religious origins of capitalism in Europe is the claim that the religions of other civilizations inhibited the emergence of capitalism there. Confucianist China provides an interesting case in point. Its advanced civilization was able to produce many important innovations, inventing paper and gunpowder, but these did not became the basis of an industrial capitalism. Confucianist beliefs in the orderliness of both the natural and social worlds arguably encouraged social stability rather than the dynamism characteristic of capitalism. Michio Morishima has, however, argued that it was the Japanese variant of Confucianism that was largely responsible for the development of a successful capitalism in Japan. The problem with arguments from religion is that religious beliefs can be and are interpreted in so many different ways that religious texts do not themselves explain very much at all.

Ancient China was also the opposite of Europe in other respects. It was a bureaucratic empire that lacked the feudal decentralization, autonomous cities, and multi-state competitiveness characteristic of Europe. We cannot therefore isolate the effect of religious differences from other differences that plausibly account for the emergence of capitalism in Europe rather than China.

Rather than expecting that other advanced civilizations would generate capitalism, there are, in any case, good reasons why they did not. Most advanced civilizations were dominated by a single ruling group that used military or religious, rather than economic, coercion to scoop off the surplus from those who produced crops and goods. This surplus was then used for territorial expansion, the maintenance of military power, and projects and displays that enhanced prestige. Some form of bureaucratic apparatus was constructed to tax, regulate, and subordinate the population. Individuals certainly accumulated exceptional wealth and possessions in these societies, but through their connections with the state rather than purely economic activity. There were, in other words, easier ways to become rich and powerful than through the accumulation of capital and the management of labour.

The absence in Europe of a single, cohesive, and totally dominant elite of this kind is the common factor that brings together the various explanations we have been considering. Post-Roman Europe was characterized by political fragmentation, dynastic competition, urban autonomy, and a continual struggle between rulers and ruled. Money could certainly be made through connections with rulers, but states were unstable, rulers were unreliable, and coercion was met with resistance. In these circumstances economic activity could become a more attractive means of acquiring, increasing, and maintaining wealth. The economic mechanisms of market transactions, capital accumulation, and wage labour gradually replaced bureaucratic and feudal means of building it up. The unique structural features of European society provided the conditions in which the machinery of capitalism could emerge and flourish.

Chapter 3
How did we get here?

Capitalism transformed the world but has itself been transformed. We are now in a quite distinct era in its development, one that began in the latest transformation during the 1970s and 1980s. To understand where we are now, we do need, however, to set this new era in historical context. Thatcherism, which embodied its central ideas, set out to reverse many of the tendencies of the previous hundred years and restore the values and vigour of capitalism in the Victorian age.

This chapter examines the development of industrial capitalism by dividing it into three stages. These stages and the labels given to them should not be taken too seriously. They are simply a convenient way of bringing out the distinctive character of different periods and the interconnections between their main features. The stages are outlined with reference to British history, for Britain produced the first industrial capitalism and has been the main source of the key ideas and institutions of capitalist society. The next chapter considers international differences in the development of capitalism.

Anarchic capitalism

This was the stage in the 18th and early 19th centuries when industrial capitalism made its breakthrough. It was anarchic because the activities of capitalist entrepreneurs were relatively unchecked either by organized labour or the state. Small factories and workshops engaged in intense competition with each other, while labour was mobile, pouring into and building the new industrial cities, and constructing the canals, roads, and railways that made possible the mass transportation of goods and people.

As Chapter 2 showed, craftsmen had been trying to organize themselves into associations that would give them some collective power since the earliest days of capitalist production. Employer hostility, intensified by competitive pressures, together with unstable employment and the small size of most units of production, made it very hard for workers to organize but did not stop them trying. In the early 19th century there were numerous and increasingly ambitious attempts to form general unions of all workers. In 1830 the National Association for the Protection of Labour was founded and in 1834 the Grand National Consolidated Union, though neither lasted long. At this time the only unions that could survive were those of skilled workers, who were able to control entry to their craft and were not easily replaceable.

The state did begin to regulate the conditions of factory work. Attempts to limit the number of hours that children could work can be traced back into the 18th century and had their first success in the Health and Morals of Apprentices Act of 1802, though it was not until the 1833 Factory Act that the first effective legislation to do this was passed. While some reformers were motivated by humanitarian concerns, this legislation was not simply directed against exploitation, for there was also much concern with the moral welfare of the women and children employed in the factories and the maintenance of traditional family relationships. The frequently told story of increasing factory regulation gives, anyway, a somewhat misleading picture of the state's involvement in the economy at this time, for important aspects of economic life were being deregulated.

The state machinery set up in the 16th century to regulate apprenticeships, wage rates, and food prices was abolished by 1815. The freeing of international trade took longer but was achieved by the 1860s. The key step in this was the ending of import duties on corn in 1846. Deregulation was in the interests of industrialists, who wanted the freedom to develop their activities without state interference. They wanted wage rates to be set by the labour market not by the state. They also wanted free trade, in part to assist exports but also because imports of cheap food would allow them to pay lower wages.

Deregulation was in tune with the rise at this time of liberal beliefs in the freedom of the individual and the free operation of the market but did not mean that the state totally withdrew. Indeed, the very reverse was the case, for market forces could operate freely only within an orderly society, which required a strengthening of the state at a time when industrial capitalism was generating great disorder. Strikes, rioting, machine-breaking, and crimes against property were threatening both production and order, while trade unions and radical political movements directly challenged the capitalist employer and the state. The military were deployed to quell riots and demonstrations, sometimes with considerable violence.

State welfare hardly existed at this time. The rising number of poor people without means of support did become a cause of increasing concern. This was not, however, because of a concern for their welfare but rather because of a fear that they would become a burden on the local community. They had to be forced to work, and in 1834 the Poor Law Amendment Act introduced a new system of relief to do just that. The existing practice of 'outdoor relief' was abolished and a system of indoor relief created. Only those who entered a 'workhouse' would be given support. Conditions there would be made worse than those experienced by the poorest paid worker, so that only those unable to work would enter. This law generated enormous hostility amongst the poor, and in practice the old system of outdoor relief largely continued, but the 1834 law illustrates well the attitude of the state to poverty during the period of anarchic capitalism.

Competitive small-scale manufacturing, weak labour organization, economic deregulation, a strong state, and minimal state welfare were the mutually reinforcing features of this stage in the development of capitalism. Liberal beliefs in the freedom of the individual were particularly characteristic of this period but not just of historical significance. Liberalism persisted as a powerful set of ideas, which later resurfaced in the 'neo-liberal' guise of the beliefs and policies that have been so influential during the most recent stage of capitalist development.

Managed capitalism

During the next stage in the development of capitalism, which began in the second half of the 19th century and came to its peak in the 1970s, competition and market regulation declined as both sides of industry became more organized and as state management and control increased. International conflict also played its part in this, as governments both sought to protect national economies from a growing international competition and more effectively manage and mobilize their resources against their enemies.

Class organization was one of the main driving forces behind the developments of this next stage. More stable economic growth after the middle of the 19th century, the emergence of larger units of production, and the construction of stronger union organizations produced the conditions in which a national labour movement could at last emerge and survive. Employers too became more organized. Employers' associations were establishing themselves in the second half of the 19th century, as employers banded together at industry level, partly in order to counter the growing industrial power of the unions

6. The Cyclops steelworks in Sheffield, 1853: large units concentrated production and facilitated the organization of labour

but also to reduce the uncertainties generated by unregulated competition.

The main way in which employers reduced uncertainty was not, however, through association but through concentration. The simplest way of dealing with the competition was to buy it up or merge with it. In Britain this process got strongly under way towards the end of the 19th century and there was a further wave of mergers in the 1920s, which resulted in the 1926 creation of ICI (Imperial Chemical Industries) out of four chemical companies that were themselves the products of earlier mergers. Increasing concentration has always been one of the main tendencies in capitalist organization and shows little sign of ceasing.

As corporate units became larger, the management function grew and with it managerial occupations and associations. Some now claimed that a 'managerial revolution' was changing the character of capitalist industrialism. They argued that the growth of management, together with the spread of share ownership to many small and powerless owners, meant that managers rather than shareholders now controlled corporations. Instead of seeking simply to maximize profits, managers took account of the interests of all with a stake in the company. Plausible as it was, this notion of a 'managerial revolution' overstated the power of managers, for owners were still ultimately in control and profitability remained the 'bottom line', but industrial production was undoubtedly a much more managed process than it had been before. Indeed, Alfred Chandler has argued convincingly that the 20th-century supremacy of the American corporation was due to the 'organizational capabilities' of American management. This was one sense in which capitalism had become increasingly 'managed'.

It also became more managed in other ways, as governments responded to class organization by becoming more involved in the management of class relationships. The state shifted from the repression of working class discontent to its management through incorporation, that is through the inclusion and representation of the working class. In the political arena, incorporation took the form of extending the right to vote, most notably in 1867, and the subsequent competition for working class votes between the existing political parties, which delayed the emergence of the Labour Party into the 20th century. This was not founded until 1906, long after comparable parties had been established in other European countries. In the industrial arena, the unions were given some legislative protection during the 1870s, though the employers still took occasional action against them through the courts, until the Trade Disputes Act of 1906 provided them with immunity from civil actions.

The state also increasingly took responsibility for people's welfare. This process began with public health measures in the mid-19th century, but it was not until the decade before the First World War that the foundations of the modern welfare state were laid with the provision of state pensions, of unemployment, disability, and maternity benefits, and of sick pay and free medical treatment by general practitioners. In the 1940s the construction of the welfare state was completed with the provision of free secondary education, the founding of the National Health Service, and the extension of benefits to provide a universal safety-net. Employment is crucial to welfare and the experience of the 1930s depression made the maintenance of 'full employment' one of the highest priorities of postwar governments.

Not only were education and health taken out of the market-place but also other important industries and services. This process started locally with the so-called 'municipal socialism' of the last quarter of the 19th century, which took gas and water supply into public ownership and provided publicly owned city transport. The public provision of housing began with the 1890 law that gave councils the power to build houses. The taking of telephone companies into public ownership began in 1892. Then in the 20th century electricity generation, broadcasting, civil aviation, the railways, coal mining, and many other industries too numerous to list here were created or taken over by the state. Much of this ‘nationalization’ was motivated not by socialist beliefs in the merits of public ownership but by nationalist concerns with the public ownership of key services and the inefficiency of fragmented or backward industries, which had failed to modernize themselves.

The political incorporation of the working class, the rise of the Labour Party, and socialist ideas evidently played an important part in all this, but it was also driven by international conflict. The breakthrough in the development of state welfare came during the decade before the First World War and reflected not only the political incorporation of the working class but also concerns with the poor physical condition of British soldiers during the Boer War and an awareness of the superior development of state welfare in imperial Germany. The First World War then led to a huge extension of state control over the economy and, although much of this was dismantled afterwards, it did establish important precedents for the future expansion of state ownership. The First World War also boosted class organization, with both the unions and the employers for the first time developing centralized national organizations, in order to influence a government becoming heavily involved in economic management.

The rivalries between empires which lay behind much of the international conflict of the first half of the 20th century drove forward many of the features of managed capitalism, but this was not the only relationship between empires and managed capitalism. As international competition increased after industrial capitalism spread from Britain to other countries, free trade came to be eventually displaced by a protectionism that reached its peak in the 1930s. Markets could be protected, and the supply of cheap raw materials maintained, by constructing an empire and fencing it off from competitor nations. This protection also made it possible for employers to arrive at compromises with the unions that could not have been sustained in the face of increasing competition from countries with higher productivity or lower wages.

Two important qualifications must be made to this argument. Firstly, it is not being argued that empires were constructed solely for economic reasons but rather that, particularly in the British case, they enabled the development of a managed capitalism based on class organization and class compromise. Secondly, by empire is not meant only the colonial territories under imperial government but also those parts of the world dominated by British corporate and financial interests. Britain actually benefited economically more from its investments in Latin American countries that were not colonies but were controlled by British financial interests.

In the quarter century or so after the Second World War managed capitalism reached its fullest extent. It was in the 1940s that a welfare state was fully established and the last big burst of nationalization occurred, though some ailing companies were still being taken into public ownership in the 1970s. Public sector housing expanded and at its peak in 1979 a remarkable third of British households were in the public sector. The governments of the 1960s and 1970s tried to regulate prices and incomes through deals with the unions and employers that offered them some influence over government policy in exchange for cooperation in its implementation. Governments also tried to pursue countercyclical policies that would maintain employment levels. Equality issues were politically prominent, particularly in relation to education, taxation, and welfare.

The evident deficiencies and intense conflicts of anarchic capitalism had generated the contrasting organizations, institutions, and ideologies of a 'managed capitalism', which had a distinctive and coherent character. This second stage was shaped by the growth of large corporations, the development of class organization, corporatist relationships between the state and class organizations, state intervention and regulation, state welfare, and the extension of public ownership, which were inter-related and mutually reinforcing processes. What they all had in common was a reduction in the significance of market relationships in people's lives, reflecting a general reaction against the dehumanizing impact of the market forces that had increasingly shaped the way that people lived during capitalism's breakthrough period. The dynamics of capitalism alone cannot, none the less, account for the development of managed capitalism. It was the national and international context that allowed and assisted these processes to develop, for during this stage capitalism was organized within national empires.

Remarketized capitalism

In the 1960s the welfare state, corporatist relationships between governments and major interest organizations, and extensive public ownership all appeared to be well-established features of British society. The structures and values of managed capitalism had been evolving for at least a century and it looked as though they would continue to develop into the foreseeable future. They certainly had their critics, on the Right and the Left, but were not seriously questioned by mainstream politicians until the end of the decade. Yet, during the 1970s managed capitalism collapsed and in the 1980s a new orthodoxy, centred on the revival of market forces, had imprinted itself on government policy.

Why did managed capitalism collapse? One reason for this was that its corporatist institutions could not in the end be made to work. Government attempts to regulate prices and incomes failed time after time, because the cooperation they required between unions, employers, and the state was either not forthcoming or could not be engineered. When governments adopted more coercive policies, they met a union resistance they could not overcome, a resistance that could prove fatal to the governments themselves. In 1974 the Conservative government's inability to deal with a miners' strike against its incomes policy resulted in electoral defeat, and Labour lost the 1979 election after a 'winter of discontent', when its incomes policy fell apart in a wave of public sector strikes.

It was argued at the time that this failure to make managed capitalism work was a result of the peculiar organizational deficiencies of British industrial relations. This was plausible, given the decentralized and archaic organization of both unions and employers. Their structures had been shaped in the 19th century and had not adapted to economic and social change. Furthermore, corporatist institutions appeared to work smoothly in Sweden, with its more centralized, symmetrical, and functional structures, though Swedish institutions too went into disarray in the 1970s, as the next chapter will show. There was more to the problems of managed capitalism than the archaic character of British institutions.

The real problem was that increasing international competition was putting the old industrial societies under growing pressure, a pressure intensified by the economic crisis of the 1970s, which we examine in Chapter 6. Their employers responded by trying to reduce labour costs, which meant holding down wages, or shedding workers, or increasing productivity, all of which were unpopular with workers and resisted by their unions. As managed capitalism had developed, these unions had increased both their membership and their power so that they were in a strong position to resist changes that they reasonably saw as against the interests of their members.

The managed capitalism of the old industrial societies had enabled them to deal with many of the problems generated by industrial capitalism and arrive at workable compromises between the owners of capital and the organizations of labour. As was noted above, one of the conditions that enabled managed capitalism to develop was, however, the insulation of national economies from international competition. With the decline of empires and the growth of free trade, national insulation was breaking down, international competition was increasing, and the institutions of managed capitalism were put under pressures that they could not handle.

There were also broader changes in values and priorities, which signalled a popular reaction against managed capitalism. There were signs of a growing revolt against higher taxation and a rising dissatisfaction with the take-it-or-leave-it attitudes of public services financed by taxation. These services did not provide the choice or responsiveness that consumers were coming to expect. Even though unemployment was growing in the 1970s, people were becoming more concerned with taxes and prices than jobs. The collectivist concerns with welfare, equality, and employment that were the central values of managed capitalism were giving way to a more individualist focus on freedom and choice.

These changes not only provide part of the explanation for the decline of managed capitalism but also help to account for the direction of its transformation in the 1980s. Managed capitalism had critics on the Left as well as the Right of politics, but in the 1980s it was the right-wing option that triumphed. 'Neo-liberal' beliefs in the freedom of the individual and the free operation of market forces came to dominate ideology and policy. This neo-liberalism sought to reverse the tendencies of managed capitalism and return British society to the vigour of its early capitalist stage. Its main ideas were developed in the 1970s by Keith Joseph, the guru of the New Right, implemented by governments led by Margaret Thatcher in the 1980s, and then adopted by New Labour in the 1990s.

After the Conservatives' election victory in 1979, Keynesianism – the maintenance of high employment through the government management of the economy and public spending – and corporatism were out. There was a clear shift of priorities from the maintenance of employment to the control of inflation. The national organizations of the unions and the employers were no longer consulted about government policy and the representatives of both found themselves removed from state bodies. It was no surprise that union representatives were left out in the cold by a government of the Right, but the Director-General of the CBI, the national employers' organization, was shocked to find that he too was cold-shouldered when he met Margaret Thatcher in 1980. The rejection of corporatist relationships cut both ways.

Market forces were to be revived by 'rolling back the state' in various ways. Welfare expenditure was cut through the restriction of benefit payments, particularly the payment of unemployment benefit, by the replacement of grants with loans, as students know to their cost, and by increases in charges. There was, none the less, no overall reduction of state spending, since rising unemployment resulted in higher social security expenditure. Nor was there an overall reduction in taxation but rather a shift from income tax to indirect taxes, which, it was claimed, at least gave people greater choice, since they did not have to buy the products that carried these taxes.

Public sector industries and services were returned to the market-place through various forms of privatization. Its simplest form was the sale of public companies to private individuals and, according to Yergin and Stanislaw, two-thirds of state-owned industries, amounting to 46 major businesses employing some 900,000 workers, had been sold in this way by 1992. There was also a massive sale of public-sector housing, when the government legislated council tenants' rights to buy the property they lived in. Another form it took was 'compulsory competitive tendering'. This required public-sector agencies to put the services they supplied out to private tender and give the contract to the most competitive bid. In 1983, for example, all district health authorities were required to introduce competitive tendering for the provision of cleaning, laundry, and catering services. An existing 'in-house' provider might win a contract, but to do so it had to behave as if it were a private company.

Other public sector services could not so easily be privatized in these ways. They could, however, be made to behave as though they were competing in a market-place. Thus, the outright privatizing of health and education was not politically possible but the creation of internal markets in health and education forced schools, colleges, and hospitals into competition with each other. At the same time, private alternatives in health and education (and pensions provision too) were subsidized and encouraged. The prison service as a whole was not privatized, but in the 1990s some prisons were placed under private management to generate a competition between private- and public-sector provision.

Market forces were also revived by removing or reducing the state regulation of economic activities. Deregulation too took many forms, such as the removal of restrictions on Sunday trading, the relaxation of planning regulations, and the lighter touch regulation of commercial television. It perhaps had most impact on the financial industry.

This industry had been regulated by the bodies that managed each of its separate areas and maintained the boundaries between them. Building societies and banks, for example, each loaned money but traditionally operated in different markets and did not compete with each other. Boundaries between financial functions, like the barriers between professions, were out of step with the neo-liberal belief in maximizing competition, though this system was breaking down anyway under the pressures of international competition. London and its financial institutions were competing for capital with New York and other financial centres. The removal of international barriers, especially with the abolition of exchange controls in 1979, intensified these competitive pressures by allowing foreign banks a greater freedom to operate in London and British banks a greater freedom to operate abroad. Barings, whose recent story we outlined in Chapter 1, used this new freedom opportunistically and disastrously.

It must, however, be emphasized that although significant

deregulatory changes certainly occurred, there was no overall process of deregulation. As Andrew Gamble has forcefully argued, a free economy requires a strong state. The reviving of market forces actually increased state regulation. There are plentiful examples of this from the Thatcher years.

Privatization alone would not stimulate market competition, if state monopolies were simply turned into private monopolies or private companies were allowed to manipulate markets, so a series of new regulatory 'offices', such as Ofgas, Oftel, and Ofwat, were created to police the gas, telecoms, and water market-places.

In a different way, trade unions were considered to obstruct the free operation of the labour market and were subjected to more legal regulation than they had ever experienced before. They had seen off the 1960s and 1970s attempts by both Labour and Conservative governments to reform them, but in the 1980s they were forced into submission. The legislation that now regulated them was backed by punitive sanctions and defiance could and did lead not only to fines but to a union losing its funds, its buildings, all its assets. The unions took a huge battering from the government in the 1980s, particularly in the carefully planned defeat of the miners' strike in 1984–5. Coal stocks had been built up before the strike was provoked and the police were extensively deployed to frustrate the union's picketing tactics and bring miners before the courts. According to Percy-Smith and Hillyard, there were over 4,000 prosecutions, mainly for public order offences.

The central government also took tighter control of local government, in order to control overall state expenditure and force the privatization of local government services. In education and health, new state apparatuses for improving and auditing their quality, and providing information about their performance, were constructed. There was in fact a greater extension of central state control – over local authorities, education and health, and trade

7. Rolling back: the state uses the police to defeat the miners in 1984

unions – than had ever previously occurred in peace-time Britain and the state was not actually 'rolled back' at all.

That all this was not just the result of Conservative government and reflected a new stage in the development of capitalism is shown by the broad continuation of neo-liberal policies by New Labour. There have admittedly been some departures from the Thatcherite script, as with the introduction of a minimum wage, the granting of recognition rights to the unions, and a partial return of the railways to the public sector. The minimum wage was, however, set at a low level, while most of the legislation regulating union behaviour has been left intact, and privatization has been continued rather than reversed. Labour has indeed explored complex and ingenious ways of extending privatization into new areas through the device of public-private partnerships, which draw private capital and management into public services. Thus, private companies have taken over the management of 'failing' schools and even 'failing' local education authorities.

Labour's plan for the National Health Service (NHS) provides a good illustration of its approach. Although Labour had heavily criticized, and supposedly abolished, the internal market introduced by the Conservatives, market mechanisms were prominent in its 2002 plan for the NHS. Patient choice was at the heart of this plan, which claimed that patients and their doctors would eventually be able to choose when and where patients would be treated, even allowing them to choose private or overseas hospitals. Since funding would follow patients, hospitals would be under pressure to compete for them. There was much emphasis on achieving better performance through decentralization, incentives, and 'payment by results'.

All this reliance on market mechanisms did not, however, mean that the market rather than the state would regulate the NHS. The National Institute for Clinical Excellence would ensure that the most cost-effective treatments were used. National Service

Frameworks would lay down standards of treatment. A 'health super-regulator', called the Commission for Healthcare Audit and Inspection, would monitor performance, grade health-care trusts, and scrutinize complaints. The Commission for Social Care Inspection would regulate nursing and the care of old people. All this was in addition to the hundreds of targets spelled out by the government's National Plan for Health.

The distance travelled by New Labour from the socialist ideas of the past is shown by key changes in its values. There has been a broad shift from collectivism to individualism, as New Labour has distanced itself from its traditional social base, the trade unions. Labour's enthusiastic conversion to consumer choice in education and health demonstrates this individualism well. There has been some redistribution, particularly through measures to reduce child poverty, but the upward 1980s leap of inequalities in income distribution has not been reversed and income inequalities have indeed increased further. Much of the redistributive egalitarianism that sought to use the state to transfer resources from the rich to the poor has been displaced by a more individualist provision of greater opportunities for the poor to realize their potential. Significantly, inequality is now discussed in terms not of differences in wealth or income but of access. As Anthony Giddens has put it 'the new politics defines equality as *inclusion* and inequality as *exclusion*'.

Transformations of capitalism

In this chapter we have examined two transformations in capitalism. What can we learn about capitalism from them?

The first transformation, from anarchic to managed capitalism, showed that it was possible to protect people from at least some of the worst consequences of the operation of market forces. The conditions of work could be regulated and through collective organization workers could limit the power of the employer and negotiate improvements in wages and conditions. Welfare became a matter for the state, which removed key services from the market-place so that they could be provided equally to all citizens. Governments tried to manage the economy by developing cooperation between the state and the organizations of unions and employers. Capitalism could be managed, even if those trying to manage it often got things wrong, sometimes gave in to pressure from the powerful owners of capital, or simply failed to deliver what they had promised.

The fundamental problem faced by managed capitalism was, however, that in restricting and replacing the market provision of goods and services it was weakening the central mechanism of a capitalist economy. When increasing international competition and the economic crisis of the 1970s placed severe strains on the old industrial societies, managed capitalism began to break down. Managed capitalism was also undermined by an increasing individualism that gave greater priority to consumer choice and market provision. There were calls for a return to the values and vitality of earlier times.

In a second transformation market forces were revived, but there was no 'rolling back' of the state, for market mechanisms could only operate in the context of state intervention and regulation. Indeed, the whole notion of an earlier stage in which the market ruled was a myth, for during the time of anarchic capitalism the state had, through the maintenance of order, played a key part in enabling capitalism to function. The latest stage, of remarketized capitalism, has in fact been characterized by a massive increase in state regulation, which has become more extensive than it ever was during the period of managed capitalism.

The new world of remarketized capitalism provides greater choice and more freedom for the individual but also a less secure life, intensified work pressures, and greater inequality. Whether one considers consumer goods, media channels, holiday destinations, or schools, there is no denying the provision of greater choice. Futures have, however, become less secure, particularly in those critical areas of people's lives – employment, housing, and pensions. Insecurity and the weakening of union organization have reduced the capacity of employees to resist the employers' demands for harder and better work, demands driven by increased competition and closer state regulation. The gap has widened between those trapped in low-wage occupations who face insecure futures and those able to exploit the new opportunities to accumulate wealth. As managed capitalism developed, the freedom of the individual was diminished in the name of greater equality, but in a remarketized capitalism, equality and security have been sacrificed to freedom and choice.

There is little sign of this changing in the near future, but it would be wrong to assume that this is the final stage in the development of capitalism. If the market now appears unassailable, so did managed capitalism in its time. If managed capitalism had many weaknesses and deficiencies, so does remarketized capitalism, for inequalities and insecurities create their own inefficencies and pressures for change. Furthermore, as we show in Chapter 6, this new stage in the development of capitalism has itself been dogged by instability and recurrent crises. The remarketizing of capitalism has not solved the problems of capitalist society.

Chapter 4
Is capitalism everywhere the same?

As managed capitalism developed in different societies, it took very different organizational and institutional forms, but in the wake of the 1970s crisis the neo-liberal model of capitalism became intellectually and ideologically dominant. This model seemed to be driving all societies towards a new market-based uniformity. Does this mean that capitalism is becoming everywhere the same? Or have the international differences of managed capitalism persisted and maintained the diversity of capitalist societies? This chapter examines the development and transformation of three very different systems of managed capitalism in Sweden, the United States, and Japan.

Swedish capitalism

Managed capitalism in Sweden probably comes closest of the three to managed capitalism in Britain. Like Britain it has had a strong labour movement, a highly developed welfare state, and minimal state involvement in the industrialization process, though Sweden was rather more successful in developing an efficiently functioning managed capitalism.

The circumstances of Sweden's industrialization were quite different to Britain's. Sweden industrialized later and with only a small domestic market, because of its small population, and without the markets and resources of an overseas empire. Swedish industry was therefore dependent upon exports and had to be highly competitive if it was to survive. Indeed, some have argued that this pressure forced Swedish unions and employers to cooperate and explains the 'labour peace', for which Sweden later became well known.

This view is quite misleading, for there was intense class conflict during the early years of industrial capitalism in Sweden. In 1909 there was a five-month-long general strike that makes the British general strike of 1926, which lasted one whole week, look like a gentlemanly cricket match. The 1909 strike resulted from a steady escalation of conflict, as each side of industry extended its organization in order to outgun the other. Socialists were heavily involved in union organization and in the particular context of Swedish industrialization were able to create a strong and unified organization of the working class. Swedish employers responded by constructing a highly centralized national employers' association, which forced a comparable centralization on the unions. The absence of ethnic and religious divisions and low levels of individualism in a Lutheran society may well have facilitated strong class organization, but conflict was the driving force behind it.

Class cooperation came out of class conflict. The growth of such strong organizations made possible a staunchly corporatist form of managed capitalism, in which its management was substantially delegated to the central organizations. While British governments struggled in the 1950s and 1960s to get the national organizations of the unions and employers to take responsibility for wage restraint, Swedish governments could largely leave this to them. Indeed, Sweden acquired a reputation for 'labour peace' mainly because of the control these powerful organizations exerted over their members. Thus, it was the very intensity of class conflict in Sweden that created the conditions for organized class cooperation and peaceful industrial relations.

A strong and unified labour movement also provided the basis for a long period of Social Democratic government, from 1932 until 1976. This established its reputation through measures to relieve unemployment in the 1930s and an early adoption of Keynesian policies. It later created an advanced and extensive welfare state, based on high and progressive taxation.

State welfare was but one aspect of the collectivist policies of the labour movement. This also strove to reduce inequality through a 'wage solidarity' policy that remarkably compressed wage differentials, with the gap between the average wages of the higher and lower paid halving during the 1960s and 1970s. In the 1970s there was also extensive legislation to protect employees in the workplace and give them a voice in company policy. Such policies were not simply pursued out of ideology. They were part of a Social Democratic strategy to increase the labour movement's organizational and political strength by creating a common interest and identity amongst all employees, working class and middle class.

All this did not mean that Social Democratic Sweden was becoming a non-capitalist society. The labour movement's leadership recognized that welfare depended not just on the strength of socialist ideas and working class organization but also on the operation of a dynamic capitalist economy that could compete internationally and increase the size of the national economic cake. It was one of the central principles of Swedish economic policy that unprofitable companies should be allowed to go bankrupt, so that their resources could be transferred to profitable sectors of the economy. Swedish workers were in this respect rather less protected than British workers by government interventions to bail out failing companies. Furthermore, the union-controlled labour market policy did not protect jobs but assisted workers to become mobile and retrain.

Sweden showed that a Social Democratic welfare capitalism could really work, and this was apparently confirmed by its avoidance of

Thatcherism. Levels of industrial conflict did rise and Sweden too faced economic crises in the 1970s. Indeed, there seemed to be a parallel with Britain as a growing individualism and the shift of politics to the Right resulted in six years of 'bourgeois' government between 1976 and 1982. The Swedish Right was, however, historically divided between three parties that could not cooperate sufficiently to carry through a Thatcherite transformation. The Social Democrats then returned to government and this, together with favourable economic conditions, suggested that the Swedish model had weathered the storm.

This was an illusion, for the corporatist cooperation central to the Swedish model was now in a state of collapse. Centralized organization had generated its own tensions, not only between centre and periphery but between different sections of labour. The inevitable extension of centralized organization to white-collar and public-sector workers, as their occupations grew, produced very powerful organizations and these then engaged in competitive rivalries, which the centralized structure of Swedish bargaining could not contain and, if anything, amplified. The central wage negotiations became longer, more complex, and more conflictual. In the process Swedish employers became thoroughly alienated from the institutions of central cooperation.

They were also alienated by another sequence of changes. In the 1960s workers became discontented with the impact on their jobs and work conditions of Sweden's dynamic capitalism. A submerged labour radicalism resurfaced with demands for greater industrial and economic democracy. This culminated in the ingenious Meidner Plan to transfer gradually the ownership of industry from private capital to union-controlled funds, though only a heavily watered-down version was actually legislated. The Social Democrat leadership was not going to wreck the capitalist engine of Swedish economic growth. Serious damage was done, none the less, to the relationship between the labour movement and the employers.

The *modus vivendi* established in the 1930s between the labour movement and the employers had come to an end. During the 1980s the main employers' organization embarked on a broad counter-attack to reinstall the values of an individualist and capitalist society. There was an employer drive to decentralize and individualize wage bargaining, and in 1990 the employers finally withdrew from the central wage bargaining that had enabled the reduction of wage differentials. Their strategy switched from a corporatist representation of their interests on state bodies to a greater use of political influence and lobbying. Corporatism had been dismantled in Sweden, though by the employers rather than by a bourgeois political party, as in Britain.

A limited remarketizing of Swedish society had already begun as Swedish politics moved in a neo-liberal direction during the later 1980s. Welfare capitalism had generated a large public sector, high public expenditure, a large government deficit, and inflationary wage settlements, which were evidently eroding Swedish competitiveness. Business leaders warned that unless changes were made they would have to move their operations out of Sweden and the leadership of the Social Democratic Party recognized that industry was becoming uncompetitive. Exchange controls were lifted and financial markets deregulated; private capital was brought into state-owned industries; local authority services were operated increasingly on business lines; benefits and public expenditure were cut; taxation became increasingly indirect.

The crunch came in the early 1990s. The economic crisis that had been brewing in the 1980s arrived and GDP fell by 5% during 1991–3, while unemployment soared to levels not seen since the 1930s. The Social Democrats could not cope and were rejected by the electorate in 1991. Three years of 'bourgeois' government led by Sweden's most right-wing party followed. This meant further cuts in benefits and the introduction of more market mechanisms in the delivery of social services. Then when the Social Democrats returned in 1994 they too had to cut welfare expenditure in order to deal with a large government deficit. In the 1980s many had thought that the Swedish case proved that the Social Democratic alternative was still viable, but the early 1990s seemed to show that it was not.

The key issue here is the kind of comparison that is made. If Sweden in the early 21st century is compared with Sweden in the 1960s and 1970s, then there is no doubt that the 'Swedish model' of central cooperation, welfare capitalism, and growing equality has declined. As in other societies, inequality started to increase again during the 1980s. But if contemporary Swedish capitalism is compared with contemporary capitalisms elsewhere, there are considerable and significant differences, some of which are actually increasing.

Central wage agreements no longer exist but their replacement by broad sectoral agreements between employer and union groupings shows that Swedish wage bargaining has remained highly coordinated. Union membership has declined but is still, internationally speaking, exceptionally high, with 81% of employees unionized in early 2003, as compared with around 30% in Britain in recent years. This difference had in fact widened, as union membership declined much faster in Britain than Sweden.

The Swedish welfare state is also still distinctive. The Organization for Economic Cooperation and Development's (OECD's) summary measure of state benefit entitlements shows Britain and Sweden at virtually the same level in 1981, a substantial gap then opening up between them during the 1980s, as benefits were cut in Britain, and largely persisting since then *in spite of* the cuts in Sweden. Duane Swank's review of recent research on the Swedish welfare state concludes that there has not been 'much if any convergence of the Swedish welfare state with its neoliberal counterparts'.

Furthermore, these deviations from the neo-liberal model have been compatible with economic revival and a viable capitalism.

Sweden did go through a severe economic crisis in the early 1990s but has since recovered. Unemployment dropped from the 10%-plus level reached early in the 1990s to a tolerable 4% in 2001. The 2002 OECD Economic Survey of Sweden concluded that 'overall, the economy is performing well'.

So what does the Swedish case tell us about capitalism? It shows that in certain conditions the conflict between employers and unions generated by capitalism can provide the basis for centralized class cooperation and a functioning system of corporatist management and welfare capitalism. It also shows that such a system could not in the end contain the underlying conflicts between capital and labour, and sections of labour, which eventually paralysed it. Increasing international competition and global economic integration made such a high-cost system difficult to maintain. Economic crisis was postponed but could not be avoided, and Sweden had to conform *to some degree* to international neo-liberal tendencies. All this did not mean, however, that the structures and institutions created during the period of managed capitalism disappeared. The revitalizing of Swedish capitalism did not eliminate its collectivist distinctiveness, which remains and is proving perfectly compatible with economic growth.

American capitalism

With its pronounced individualism, American capitalism has been at the opposite end of the ideological and organizational spectrum. Industrialization occurred in a decentralized and individualist society, where there was a widespread belief in success through enterprise and initiative. The absence of an aristocracy and the establishment of political and civil rights by the 18th-century American Revolution had encouraged such beliefs. The growth of industrial capitalism did result in the formation of unions, but these were mainly self-interested organizations of craft workers that were not concerned with class organization or the socialist transformation of society.

In this context the business corporation flourished and produced a corporate rather than corporatist capitalism, in which business corporations rather than class organizations were the dominant actors. The large American domestic market enabled the growth of big corporations and in the late 19th century a greater concentration of ownership occurred than in other industrial societies. At first this took the form of 'horizontal' mergers to give control over markets, as in Rockefeller's construction of Standard Oil. It was, however, the 'vertically' integrated corporation, which built a strong and secure competitive position by bringing together all stages in the production and distribution of a product, that became the dominant form in the 20th century.

America was the home of the 'managerial revolution' theory, discussed briefly in Chapter 3. Although this underestimated the continued power of owners, it has been argued convincingly by Alfred Chandler that the managers of American corporations were distinctively allowed to 'get on with the job' during the period of corporate growth, which largely resulted from their highly developed 'organizational capabilities'. Chandler contrasted American management, with its use of profits to finance investment and growth, with the more personal and traditional ownership of British companies, which were more concerned with dividends to shareholders than long-term investment.

The centrality of the business corporation was paralleled by the distinctive character of American trade unionism. This was predominantly a 'business unionism' concerned not with social transformation or even the collective interests of labour as a whole but with obtaining the best possible contract for union members. This meant not only good wages but also fringe benefits, such as holidays-with-pay, insurance, and health care, particularly after the Second World War. This business unionism reflected not only domination by the business corporation but also the divisions within the American working class. It was the unionism of white, male workers and has been regarded as a deviant form by its class-conscious and socialist European counterparts. The proportion of employees unionized barely topped one-third even at its peak and this was already declining in the 1950s, though the unions were still well able to deliver the goods for those who were their members during the 1950s and 1960s.

As the importance of fringe benefits shows, some of the welfare that in Europe was the province of the state was in America provided by the corporation. Indeed, the term 'welfare capitalism', commonly used to describe the combination of a dynamic capitalism with an advanced welfare state, in America refers to corporate welfare provision. This is not to say that there was no development of state welfare in America, but this only provided a piecemeal safety-net for the poor and welfare was otherwise the responsibility of the corporation or the individual, and was delivered by private services operating through the market-place.

It would also be quite wrong to suppose that individualism and free market ideologies kept the state out of economic life. On the contrary, the monopolistic tendencies of business corporations meant that economic life required regulation, if competition were to be maintained and the interests of consumers protected. An 'anti-trust' movement emerged in the late 19th century and the Sherman Act of 1890 declared illegal any activity or organization 'in restraint of trade or commerce'. This did not stop the growth of powerful corporations, but it did have consequences, notably forcing the break-up of Standard Oil, and it did give rise to a distinctively American apparatus of anti-trust legislation and enforcement. The state had been drawn into economic life not by class conflict, as in Europe, but in defence of competition.

In the 1930s state intervention appeared to take a much more European direction. In response to the Great Depression, Franklin Roosevelt's New Deal legislated ambitious relief and welfare programmes, eventually adopting Keynesian economic policies. It

8. 'Ring-around-a-Roosevelt': his New Deal offspring dance around him

came into considerable conflict with big business over its taxation proposals; its drive to provide, partly through the publicly owned Tennessee Valley Authority, cheap electricity; its continuation of the 'anti-trust' attack on monopolistic tendencies; and its legislation to protect trade unions.

Unions were given the right to organize and bargain collectively, and a National Labour Relations Board was set up to enforce these rights. Union membership tripled between 1933 and 1938, as the Committee for Industrial Organization (CIO) established a more inclusive trade unionism and organized America's mass production industries. Further legislation to regulate wages and hours of work, and protect vulnerable groups, was passed in 1938.

The federal structure of the state, and its fragmenting division of powers between President, Congress, and Supreme Court, gave opponents many opportunities to block and frustrate New Deal measures. Furthermore, although the New Deal created an astonishing range of agencies and programmes, it lacked coherence, at least in comparison with the more ideological programmes developed in Europe. It depended on the commitment and energy of Roosevelt and an army of well-intentioned and highly motivated reformers and administrators, but there was no reformist political party to support it and drive it forward. The Democratic Party, Roosevelt's political base, did ally itself with the unions and supported state welfare programmes but it was not a 'labour party' and contained people hostile to the unions and the New Deal.

The pro-labour legislation of the 1930s was, indeed, at least partly reversed by the Taft-Hartley Act of 1947, which substantially weakened the unions' powers and rights. This was passed by Congress, against the veto of Roosevelt's successor, Harry Truman, demonstrating the weakness of a labour movement without a political arm. The American unions already faced in the 1950s the kinds of restrictions on their behaviour that the British unions did not have to confront until the 1980s.

In other respects, the managed capitalism of the New Deal continued to operate during the 1950s and 1960s. The social security legislation and welfare programmes introduced in the 1930s were extended in the 1950s and 1960s, especially to give free medical care to the poor and the old. As late as the 1970s, during Richard Nixon's presidency, the federal government experimented with the control of prices and incomes. Deficit financing continued, though not simply because Keynesian economics had become the new orthodoxy, for the Second World War and then the Cold War resulted in massive military expenditure. The profitability of substantial sections of industry, and therefore the employment and earnings of labour, depended on state spending. The whole idea of a state-directed industrial policy was anathema in the United States, but, as David Coates has argued, the creation of a military-industrial complex was, in effect, one form of such a policy. Business opposed government interference but accepted government money.

While American industry was in better competitive shape than British industry, it too suffered in the later 1960s and 1970s from inherited rigidities and intensified international competition, especially from Japan. Lower levels of trade unionism, state welfare, and public ownership did mean that there was less pressure to transform the state than in Britain. The United States was half way to Thatcherism already. But there was still half way to go, and the United States too went through a process of transformatory change, albeit at a slower speed, with frequent halts and occasional reversals along the way.

Thus, in the 1980s and 1990s, American society too was remarketized. Keynesianism was abandoned, government expenditure was cut, some industries were deregulated, some services privatized, and state welfare reduced. The 1970s' inflation discredited Keynesian policies. The Reagan administration of the early 1980s then sought to stimulate market forces by cutting both taxes and government expenditure, though vested interests resisted cuts in the latter and the reduction of the budgetary deficit was a slow process. The deregulation of the airlines marked the first break with the New Deal tradition of industrial regulation and was followed by the deregulation of the railways, trucking, telecommunications, and electricity generation. The publicly owned part of the railways, and many state-run local services and prisons, have been privatized. A welfare-to-work programme, which became a model for New Labour in Britain, limited the duration of welfare payments and forced recipients into low-paid work.

As in Britain, these changes were accompanied by the greater exploitation of labour through an intensification of work, declining real wages, and the weakening of unions. Hours of work lengthened and real wages dropped at the rate of 1% a year during the 1980s. Industrial corporations moved their plants south from the 'rust belt' to the 'sun belt' and then Mexico, in search of cheaper labour. Elitist 'business unions' concerned with meeting the immediate needs of their existing members either failed to organize the new labour force or (in Mexico) could not. By 2001 union density had dropped to a very low 13% of the labour force. Inequality increased, with the number living in poverty rising from around 25 million in the 1970s to around 35 million in 2002.

There were equally important changes in management, as the 'managerial revolution' of the early 20th century was reversed. The greater mobility of capital, popular investment in the stock market, and the expansion of the financial services industry increased the importance of a company's market valuation. According to the newly fashionable doctrine of 'shareholder value', the goal of management was no longer to invest in the future or build up a company or balance the needs of its various interests but only to maximize the value of its shares by increasing profits. Managers were given an incentive to do this through stock options which rewarded them for increases in their company's share price. Managers had been to some extent separated from owners by the managerial revolution, but now they increasingly became owners.

From the mid-1980s to the late 1990s, the intensified exploitation of labour and the emphasis on shareholder value raised corporate profits. There was economic growth, but not for long. Much of the growth was associated with an information and communication technology boom that had to come to an end some time. In the later 1990s, when exports weakened, growth was sustained by a surge in domestic consumer demand that was financed by a borrowing spree that could not go on indefinitely. The preoccupation of companies and investors with share prices encouraged a bubble mentality that pushed prices up to levels unjustified by earnings and profits, giving people a false sense of their wealth and then suddenly removing it when the bubble burst. The short-term concern with share prices at the expense of future prospects led to financial scandals at Enron and Worldcom, and in Wall Street, which undermined confidence and discredited the pursuit of shareholder value (see Chapter 6).

Much of the 1990s' confidence in the virtues of the American model has been dissipated and there is considerable uncertainty about the future. Higher state spending, with military and reconstruction expenditure rising in Iraq, together with tax reductions and lower interest rates, may stave off recession and even promote some recovery. Weakening exports, higher state spending, and high domestic consumption have, however, generated a huge international, public, and personal indebtedness, which is storing up problems for the future, as are higher unemployment and rising poverty.

American capitalism has from its beginnings been characterized by strong beliefs in individualism and market forces, but the development of American capitalism, like capitalisms elsewhere, did result in the collective organization of labour, corporate concentration, and extensive state regulation. Managed capitalism in America was importantly different to managed capitalism in Britain and Sweden – collective organization was less extensive, state welfare less universal, anti-trust legislation more developed – but America did, none the less, go through this stage.

The current state of American capitalism reflects its historic distinctiveness, but it is not just the expression of some special character that American capitalism possesses. It is also the result of the remarketizing of American society after the crisis of the 1970s. This remarketizing process met less resistance and fewer obstructions than it did elsewhere and produced strong growth, but also created a bubble that eventually burst, and generated serious economic and social problems. The recent recovery looks fragile and American economic success towards the end of the 20th century may well be leading to a crisis early in the 21st.

Japanese capitalism

Japanese industrial capitalism was managed from its very beginnings. By the middle of the 19th century Japan was a highly commercialized and entrepreneurial society but not yet an industrial one. After the Meiji Restoration, Japan's 19th-century revolution, industrialization was directed by the state as part of a programme to build a strong and independent country that could stand up to the Western empires that were encroaching upon Japan. The individualism and liberalism of the West were attractive to some intellectuals and policy-makers but alien to Japan's new rulers, who were nationalist bureaucrats schooled in the Japanese version of Confucianism.

One of the best-known ways in which the new government tried to industrialize Japan was by setting up model state enterprises but these were not always successful. Some, such as the Yawata Iron and Steel Works, were crucial to the industrialization process, but others were poorly managed and inefficient. Thus, as Frank Tipton has pointed out, the state-owned cotton spinning factories imported water-powered machines with only 2,000 spindles instead of investing in the latest steam-powered machines with 10,000 spindles, which could be operated by relatively unskilled labour. The state-owned enterprises ran into such difficulties that in the 1880s the government privatized those that were not considered of military importance.

Privatization did not, however, mean that Japanese industry now consisted of independent private companies. A distinctive feature of Japan's industrialization was the emergence of the large industrial groupings known as *zaibatsu*. There were four main groups – Mitsubishi, Mitsui, Sumitomo, and Yasuda. They were owned by families, which controlled them through holding companies. Corporate concentration was occurring in all industrial societies but in Japan it took a unique form, for each *zaibatsu* stretched across virtually the whole of Japanese industry and had its own bank and its own trading company to market its products. The *zaibatsu* were closely connected with the state and eventually performed important colonial functions for the government.

The model enterprises were anyway the least important aspect of the state's promotion of economic growth. The government removed the feudal barriers and restrictions that would have inhibited economic development, and created a modern nation-state. Japan became a unified country for the first time and the heavy subsidizing of railways and shipping transformed communications. Shipbuilding too was heavily subsidized and by 1939 Japan's production was second only to Britain's. The state also created a banking system to finance investment and trade, at first experimenting with American-style private banks but then creating a European-type central bank and specialized banks to cater for the needs of the various parts of the economy.

Above all, the state maintained Japan's economic independence. Many foreign experts had been brought in but were then rapidly replaced by home-grown expertise created through new educational institutions. Foreign capital was kept out, until Japan had become a strong independent state. Indeed, it was the peasantry that bore the main cost of Japan's modernization through a land tax that initially provided three-quarters of the government's income. Japan also began to construct an overseas empire that would provide it with protected markets and raw materials.

Japan was the only non-Western society to industrialize successfully in the 19th century. A distinctive managed capitalism had been created, in which the state played a directive role and corporate concentration took the form of industrial groups that stretched across the economy. Another distinctive feature was the weakness of labour organization. Workers did try to organize, with some success during the First World War, when industry boomed and labour was in high demand, but met heavy employer opposition and state repression. State welfare too was undeveloped, in part because employers preferred to introduce company welfare schemes that integrated workers and detached them from the labour movement.

These distinctive features were further developed during the postwar period, when Japan's growth machine really got going and made the Japanese economy the second largest in the world. Chalmers Johnson has pointed out that military defeat actually increased the state's capacity to direct the economy, by removing military interference and *zaibatsu* obstruction. The *zaibatsu* were dismantled but then reconstructed, as the beginning of the Cold War led the American-dominated Occupation Authority to reverse its policy. Mitsubishi, like Krupp in Germany, now became an anti-communist resource rather than a reservoir of fascism. Crucially, the *zaibatsu* were rebuilt under the aegis of the Ministry of Trade and Industry (MITI), the powerhouse of the state's industrial policy, which used its control of trade, currency, and investment to develop the industries of the future.

The reconstructed *zaibatsu* and other similar groupings performed important economic functions. As they stretched across industry, they provided coordination across industrial boundaries, but they also engaged in intense competition, which stimulated productivity and enhanced international competitiveness. They could pursue long-term policies aimed at building market-share, because their reconstruction on the basis of mutual ownership and their finance by the banks relieved them of shareholder pressure for high dividends. This also meant that they were protected from take-overs by foreign capital or corporate raiders. This pattern of ownership was linked to integration within the company, for Japanese companies could look after their employees instead of maximizing the payment of dividends to shareholders.

Union organization grew rapidly during the first years of the Occupation, giving the lie to claims that Japanese unions have been weak for cultural reasons. In January 1946 there were 900,000 union members, but by June 1949 there were over 6.5 million, as compared with the prewar peak membership of 421,000 in 1936. They were at first encouraged as 'democratic' organizations by the Occupation Authority, but this rapid growth, in the context of the policy shift from an anti-fascist to an anti-communist stance, led to a sustained and violent attack on them by both employers and the state. The employer strategy soon became, however, not the destruction of unions as such but their replacement with tame 'enterprise unions'. At the 'battle of Nissan' in 1953 the company, backed by the Japanese Employers' Association and with financial support from the banks, provoked the existing union into a strike, locked out its members, created its own Nissan union, and gave those who joined it their jobs back. Enterprise unions became the norm.

High company employee integration gave Japanese companies the edge that enabled them to out-compete their Western rivals. The company provided the security of lifetime employment, wages that increased with seniority and length of service, welfare services, and often housing. In return employees had to work hard and long, giving up weekends and holidays if required by their company. Other mechanisms of integration were the absence of status distinctions within the company, company uniforms, and the social interaction of workers and managers both at work and leisure. Earnings differentials have been very much lower in Japanese companies than comparable Western ones.

Integration for some was at the expense of others. Contract workers, part-time workers, and women workers, who were largely confined to these categories, did not enjoy the benefits of lifetime employment and all that went with it. This also applied to the small companies subcontracted to carry out much more of the large company's work than in Western industrial societies. These were the shock-absorbers that enabled the large companies to ride out economic fluctuations by turning their labour on and off as required. There was a sharp division in Japan between an integrated elite of permanent employees and a disposable periphery.

A key set of linkages in a highly integrated institutional structure operated through the Japanese welfare system. There was only a rudimentary welfare state, which kept workers highly dependent on company welfare schemes and reinforced their subservience but also encouraged the Japanese to save privately for a 'rainy day'. Individual savings went into a postal savings scheme controlled by MITI, which could then channel them into industries it had marked out for investment.

So, in Japan there is an undeniably successful capitalism very different in character to the others we have examined. While the welfare state has been an integral part of Swedish capitalism, its absence is crucial to the Japanese model. The state's directive role has been particularly distinctive, and led some commentators to call for Western governments to develop comparable industrial policies. Patterns of corporate ownership and bank finance contrast with the stock-market model of the United Kingdom and the United States. Company domination of workers has been more complete in Japan than even the United States, where unions have been more combative. Company welfare too has been more extensive, and Ronald Dore has described Japanese capitalism as a 'welfare capitalism' in yet another application of this label.

Like the other systems of managed capitalism that we have examined, the Japanese one ran into difficulties in the later 1960s and the 1970s, and Japan also came under heavy and steady external pressure to open itself up to trade. This really began after the early 1970s rapprochement between the United States and China changed the American view of Japan, which was now regarded not as a bulwark against East Asian communism but as an industrial competitor that engaged systematically in unfair trade practices. Although Japan found ways of replacing tariff with non-tariff barriers, famously declaring that Raleigh bicycles were unsafe, restrictions on the import of goods and capital were gradually lifted. MITI's instruments of control were dismantled and it had to rely increasingly on 'administrative guidance' through its extensive network of retired bureaucrats with second careers in industry.

Japan did not, however, respond to the problems of the 1970s by abandoning its institutions and plunging down a neo-liberal path. Growth and international competitiveness were sustained by exporting the capital accumulated through growth and setting up operations to exploit cheaper labour abroad, particularly in South-East Asia, but also in Europe, the United States, and Australia. MITI launched a new drive to develop the knowledge-based industries of the future, and Japan soon became the world's leading producer of microchips. So strong was the competitive strength of Japanese industry that the United States continued through the 1980s to run a huge trade deficit with Japan, though Japanese investment in American bonds recycled some of Japan's earnings back to the United States and financed its deficit.

All this changed at the beginning of the 1990s. Share and land prices had reached unsustainable heights and the bubbles burst. A stock-market crash was followed by economic stagnation and higher unemployment. Japan entered a vicious deflationary circle. As unemployment rose and uncertainty about the future increased, people saved more, consumer demand dropped, and growth declined even further. The problem was not so much in export markets, where many Japanese companies were still very successful, but the domestic market. The government has responded with increased public expenditure and lower interest rates but found it difficult to restart the growth machine.

The institutions that had enabled growth began to attract criticism. Lifetime employment was viewed as a 'rigidity' that interfered with the free workings of a labour market and prevented companies shedding labour. Mutual ownership in the industrial groups was criticized for supporting unprofitable companies and preventing a refreshing inflow of capital from abroad. The banks were considered too closely linked with industrial groups and therefore unable to pull the plug on unprofitable companies. Indeed, many banks were themselves in serious trouble because they had loaned so much money to bankrupt speculators and failing companies. Faltering economic growth and the exposure of corrupt links between companies, banks, political parties, and bureaucrats combined to undermine the 'developmental state'. Inside and outside Japan, there were calls for Japan to conform to the market model that, it was claimed, the pressures of globalization in any case made unavoidable.

Japan has therefore come under a growing pressure to allow a greater mobility of capital and deregulate financial markets. Foreign capital has moved into Japan, with some ailing companies being bought by foreign competitors, as in Renault's take-over and rationalization of a failing Nissan. The so-called 'big bang' deregulation of banking and finance announced in 1996 has allowed Japanese capital greater freedom and facilitated the entry of foreign financial interests. Bankruptcies and rationalization followed, as weak institutions lost their protection. The term 'big bang' belied, however, what was in reality a slow and partial process of implementation that was not at all comparable to the 'big bang' in London. There is some acceptance that Japan must adapt but not that it must conform.

Can Japanese institutions be preserved? In his recent examination of these issues, Ronald Dore has chronicled a process of gradual change, with the main Japanese employers' association rethinking lifetime employment; legislative changes to strengthen shareholder power; a movement towards performance-related payment systems; and some liberalizing deregulation. Dore also comments frequently, however, on the superficiality of change, resistance and reaction to it, and the inertia of a system with so many interlocking parts.

9. Carlos Ghosn, the Nissan CEO from Renault, announces the closure of factories, October 1999

What is striking about Japan is in fact its stability, both political and economic. In the early 1990s it looked as though the long-standing domination of Japanese politics by the Liberal Democratic Party (LDP) was breaking down and a political alternative was emerging, but the main opposition party, the Japanese Socialist Party, then entered a coalition with the LDP, which has subsequently maintained its dominant position. The astonishing growth rate of earlier years has not been maintained and Japan has certainly experienced much economic pain in the 1990s, notably higher unemployment, but its current unemployment rate is actually considerably lower than the OECD average. The world's second largest economy has been kept afloat and has not tumbled into depression. If you have experienced massive economic growth and have a high standard of living, stagnation may not be a bad option! This stability may be expected to preserve Japanese institutions.

The pressure to marketize Japanese society may also be lessening. Shareholder capitalism, certainly in its American guise, was riding high in the 1990s but, as indicated earlier, this is currently under something of a cloud after the accountancy scandals at Enron and Worldcom, while, after the bursting of the late 1990s bubble, the American economy appears fragile. Those seeking to resist the liberalizing of the Japanese economy now have ammunition to counter the arguments of those who have been pressing for a liberal transformation of Japan.

Convergence?

We have examined the emergence of three national systems of managed capitalism with distinctive organizations and institutions. In all three, capitalist industrialization generated class organization and class conflict, and attempts by governments to manage the problems of a capitalist society. Each also created its own 'welfare capitalism', though this meant different things in each society.

Although each seemed to have solved the problems of capitalism in its own way, all three faced growing difficulties from the 1970s, in part because of changes in the world economy but in part because of the problems that their distinctive institutions had created. All came under pressure to abandon their practices of managed capitalism and introduce reforms that would allow market forces greater freedom to operate.

Has this led to the decline of national differences? Instead of capitalisms is there now just one all-conquering capitalism? There is plentiful evidence of continued national distinctiveness. Nor does the fact that all three have moved in a similar direction mean that they have converged, in the sense that they are any closer to each other. If three people standing one metre apart each move one metre to the right they are still as far apart as they were before!

It is important to resist the notion of an inevitable convergence, not only because it is untrue but also because it deprives us of choice. This does not mean that one can simply pick whatever capitalism one chooses, for the existing institutions in any one society constrain free choices, but it does mean that people can strive to move their particular capitalism in the direction they think appropriate. The argument that market forces inevitably and increasingly override politics in a capitalist society cannot be sustained, for the comparative study of capitalisms shows that quite different organizational and institutional structures have survived remarketization and are perfectly compatible with functioning market mechanisms.

Chapter 5
Has capitalism gone global?

The words 'global capitalism' have become commonplace and there is much to suggest that capitalism is now organized on a global basis. Huge sums of money are transmitted across the world on a daily basis. Companies no longer produce in one country for export to others but run manufacturing operations in many different countries in distant parts of the world. Markets for goods and services, for capital and labour too, are in many ways global in extent. These are the realities of global capitalism that impact daily on people's lives, but there are also many myths associated with this notion. In this chapter we explore both the realities and the myths.

Global capitalism old and new

A first myth is that global capitalism is something new. Almost as soon as it had come into existence, capitalism spread across the world. The navigators of the 15th and 16th centuries, who piloted the routes from Europe to other continents, were quickly followed by merchant capitalists. The East India companies brought the products of Asia to the consumers of Europe and exported their manufactures in return. The Atlantic trade triangle shipped goods from Europe to Africa, sold slaves from Africa to the Americas and the Caribbean, and took back to Europe the sugar, rum, and cotton they produced.

Travel was, however, slow, intermittent, and hazardous until the communications revolution of the 19th century, which was quite as profound as the one that we have recently been living through. It was not only that steam-powered trains and ships speeded up travel, they also enabled the mass transportation of goods and people across the world, and on a regular and reliable basis independent of the weather. The invention of the telegraph meant that messages no longer had to be carried by people or pigeons, and after the laying of submarine telegraph cables London could communicate with Australia in 4 days rather than the 70 taken by surface mail. The later invention of the telephone for the first time 'destroyed distance' by making possible instant communication across the world.

It was also in the 19th century that an organized global economy came into existence. Its central principle was an international division of labour between a small group of manufacturing nations and the rest of the world, which became a market for their goods and the source of the food and raw materials they could not provide for themselves. Capital moved freely between countries but within the framework provided by the gold standard, which after 1870 increasingly regulated the relationships between national economies. It did this by fixing the value of currencies in relation to gold, until this standard disintegrated under the pressures generated by the 1930s depression.

This global economy was organized within empires that were extensions of the nation-states at their core. These empires took the form not only of colonial territories but also of spheres of influence that divided up areas of the world not under direct colonial control. While Europe first created overseas empires, the United States constructed its own less formal empire in the Pacific and Latin America, and in the last quarter of the 19th century Japan began to follow the European model and acquire its first overseas territories. Under the pressure of international competition and the economic crises of the early 20th century, the world became increasingly divided by imperial boundaries, as each country tried to protect its overseas markets and supplies. After the First World War the movement towards growing global economic integration actually went into reverse.

After the Second World War this imperial framework began to collapse. New centres of finance and production could now emerge in areas that were outside the direct control of the old industrial nations. Trade flowed not within national/imperial borders but across them. Both capital and labour began to move more freely across frontiers. Global capitalism may not have been new but it was certainly transformed and entered a phase of exceptional dynamism.

Global manufacturing

While the international division of labour prevailed, wage labour was mainly concentrated in the industrial societies. It certainly existed in the mines, the plantations, and the commercial agriculture of the Third World but in localized pockets, often in an intermediate or intermittent form, combined with other ways of making a living through peasant agriculture or trading activities. In this new era, capital's search for labour has, according to David Coates, during the last 30 years doubled the size of the 'world proletariat' to some 3 billion people.

The main vehicle of the spread of capitalist production has been the transnational corporation. There was a particularly fast growth of these corporations during the last quarter of the 20th century, with their numbers increasing from 7,000 in 1973 to 26,000 in 1993. Their investment in operations abroad rose particularly rapidly after 1985. Although much of this went into other industrial societies, investment in developing countries mounted sharply in the 1990s.

One of the best examples of this process is the growth of

10. Cheap labour in the Mexico *maquiladora* plants

manufacturing plants, known as *maquiladoras*, in Mexico. This began when in 1965 Mexico allowed factories within ten miles of its border with the United States to import raw materials and parts duty-free, if the finished product was re-exported. Their growth accelerated after the 1993 NAFTA Agreement removed the remaining barriers to trade. American, European, and eventually Japanese capital has moved in to exploit the cheap labour available in Mexico, and thousands of manufacturing and assembly plants, mainly in the vehicle, electronic, and textiles industries, have been set up along the border. Managers come in by car daily from their homes in the United States, while carless workers are bussed in from shanty towns.

Labour is cheap there not only because of its plentiful supply but also because it is unorganized and unregulated. Attempts to create independent trade unions have been crushed by the combined efforts of employers and government. The NAFTA Agreement contained rights for workers and protection for unions but these parts of it have not been implemented. American unions with an obvious interest in reducing the competition from cheap labour in Mexico have tried to organize Mexican workers and invoke the labour clauses of NAFTA but without much success. Health, safety, and environmental regulations are non-existent or very weakly enforced. The Mexican government has had a clear interest in turning a blind eye, since the *maquiladoras* make a major contribution to the Mexican economy by providing employment, around a million jobs at the beginning of this century, and making the second largest contribution, after oil, to foreign exchange earnings.

Asia has recently provided an even bigger attraction to capital, especially Japanese capital, which has moved in a series of waves into the countries of the Far East. Production in Japan became increasingly expensive as the rapid growth of Japanese industry after the Second World War led to shortages of land and labour, and prices rose at home. In the 1970s and 1980s Japanese capital moved in search of cheaper labour into the 'tiger economies' of Hong Kong, Taiwan, Singapore, and South Korea. As production became more expensive there, a second wave of capital moved from Japan and the 'tigers' into Indonesia, Malaysia, and Thailand. More recently a third wave of investment has gone into China and Vietnam. China seems to be currently *the* destination for capital and is threatening to lure away from Mexico the corporations that had earlier invested there.

The spread of manufacturing into these countries has particularly drawn young women into wage labour. They reportedly constitute some 60–70% of the *maquiladora* labour force in Mexico. The Nike and Gap factories in South-East Asia have been accused of employing girls under the age of 16, in spite of laws and guidelines prohibiting the exploitation of child labour. Capitalism combines with patriarchy to obtain the cheapest labour, for women are generally paid less than men, subject to male control, and

11. Cheap labour for Nike in Vietnam

disposable, since they can be returned to the household if the demand for labour drops.

This spread of wage labour has resulted in a global weakening of the power of labour. In the old industrial societies collective organization had enabled workers to reduce the power differential between capital and labour. Competition from cheap and unregulated labour abroad has undermined this collective power and unions have found it very difficult to extend labour organization to include overseas workers. As consumers, workers in the old industrial societies have certainly benefited, since cheaper labour abroad and greater international competition have lowered the prices of the goods that they buy, but real wages in the old industrial societies have, none the less, been in decline since the 1980s. Furthermore, as capital has become more mobile, nation-states have had to compete for it. Anti-union legislation of the kind enacted in 1980s Britain was justified in part by the argument that it made Britain attractive to the Japanese and Korean capital moving into the European Union during the 1980s and 1990s.

Global telework

It is not only manufacturing that has moved out of the old industrial societies, for most office work, such as typing, telephone-answering, data-processing, software development and problem-solving, can now be done at a distance. Advances in information and communication technology have made it particularly easy to transfer this kind of work to cheaper locations abroad, where wages and office costs are much lower. As with manufacturing and for the same reasons, it is commonly young women who are employed in this work.

Call-centres have been Britain's fastest growing source of employment, replacing the jobs lost in manufacturing, but now these jobs in turn are being moved overseas. Banks, insurance companies, travel agencies, telecom and rail companies, are transferring call-centre operations from Britain to China, India, and Malaysia. Similarly, French companies are moving jobs of this kind to Francophone countries in Africa. American companies have long since moved call-centre and data-processing work to the Caribbean.

It is a considerable advantage to be in an English-speaking part of the world, which has given some Caribbean islands and India a head start, though having English alone is not enough. Some training is, of course, needed and those working in telephone-answering services in India are trained in Western pronunciation and conversation. Effective call-centre operations also need careful management by 'relationship managers', who can strike a balance between efficiency considerations and customer service. Software development requires higher-level skills but India, especially the city of Bangalore, has become a major centre of software production, because of the availability of a highly educated, English-speaking workforce. Such high-profile companies as Texas Instruments, Motorola, Hewlett Packard, and IBM have set up software (and hardware) production there.

This is not only a matter of poor countries providing cheaper labour than rich countries but also of intense competition between the poor countries themselves. Barbados and Jamaica, where telework has long been established, have met a growing competition from other Caribbean islands and Central America. The Caribbean as a whole faces competition from the even cheaper labour available in India, the Philippines, Malaysia, and China. The ease with which telework operations can be set up means that there are few limits to the spread of its more routine and low-skilled forms.

Global tourism

International tourism is not often mentioned in accounts of the global spread of capitalism, but its growth is one of the most striking manifestations of the increasing economic connections between countries. Between 1950 and 2001 international tourist arrivals increased from 25 million a year to nearly 700 million. Tourism has become the main earner of foreign exchange in many of the world's poorest countries.

International tourism spreads capitalist practices into parts of the world that have been little touched historically by the growth of capitalism. It can penetrate into areas that have little capacity to produce goods or other services for the world market. Indeed, remote or undeveloped places, from Macchu Pichu on the eastern slopes of the Andes to Himalayan kingdoms, can be particularly attractive to tourists because they are remote or traditional. Tourism then creates employment in paid labour in bar and hotel work. It generates a greater demand for food production and transport, and may well provide the basis for the local manufacturing of souvenirs and faking of relics. The earnings from tourism can increase the circulation of money, lead to the import of manufactured goods, and establish new consumption patterns.

A process of commodification takes place as cultural practices, wildlife, sights, and views acquire a monetary value that they never had before. Customs may lose their authenticity when commercialized and nature may become less natural, though commercialization can at least enable their survival in a modified form. In an increasingly capitalist world, the only way of ensuring the survival of cultural practices and natural sights is to find ways of making profit out of them. Furthermore, the preservation principle can itself become the basis of an industry, as in the eco-tourism promoted by Costa Rica.

Global tourism has also been responsible for another process of commodification through sex tourism, as the bodies of both adults and children in poor countries have acquired a monetary value. The scale of sex tourism is huge. It was reported in 1999 that in the

United States alone more than 25 companies offered sex tours to Asian destinations. The Internet World Sex Guide provides information and reports on the availability, services, and prices of sex workers in every country in the world, with links to help people make their travel arrangements. The guide does not provide information about the availability of sex with children, but this is one of the main attractions of sex tourism since it enables adults to engage in this in distant and unregulated places, with apparently less risk than in their countries of origin.

Global tourism is clearly not an unmixed blessing, and even if it does bring some economic rewards to the societies receiving the tourists, one must bear in mind that much of the profit is expatriated by the foreign-owned corporations – airlines, hotel chains, and travel companies – that dominate this trade.

Global agriculture

In exploring these examples of global capitalism, we have rather neglected agriculture. Arguably, global agriculture is nothing new and has long flourished in the tea plantations of India and Sri Lanka or the fruit plantations of Central America. The international division of labour established in the 19th century created new markets in the industrial societies for the agricultural products of the rest of the world and Western corporations invested capital in their large-scale production.

In agriculture too, however, there has been growing international competition and capitalist production has spread. In the 1990s there was a crisis in the banana industry, which was producing more bananas than the market could absorb. American fruit corporations, notably Dole, began to shift production to Ecuador, where wages and other labour costs were substantially lower and there were no labour unions (at the same time existing unions came under attack in Central America). These corporations also

12. Large-scale banana production by Dole in Ecuador

used the World Trade Organization (WTO) to pressurize the European Union to end its preferential treatment of the banana growers in the ex-colonial territories of Africa and the Caribbean, where bananas were grown largely by small farmers with higher costs, who in a free market could not hope to compete successfully with the corporations. Eventually a compromise was reached that gave some protection to the small producers, while attempts have also been made to unionize the workers in Ecuador, but the fate of both the union and the small producers remains uncertain.

Small producers have also found themselves driven in other ways towards capitalist agriculture. Vandana Shiva has argued that agriculture is becoming increasingly dominated by highly concentrated 'life science corporations', which cut across agribusiness, biotechnology, and the chemical and pharmaceutical industries. These corporations sell genetically engineered seed, which can produce large crops and, it is claimed, cure deficiency diseases, through, for example, adding vitamin A to rice. This kind of agriculture can be very productive of cash crops but it requires the extensive use of the pesticides and herbicides also sold by these corporations, and large amounts of water. The environmental consequences are disastrous, as scarce water resources are used up, chemical pollution increases, and biodiversity is lost. Farmers not only become dependent on the corporations but also go into debt, since considerable investment is required, and can then end up losing their land if poor harvests or other disasters destroy their capacity to service their debts. Small-scale agriculture loses its viability and large capital-intensive units take over.

Allied to this process is a commodification of nature, as plants, seeds, genes, and water, which were previously natural resources, often available freely to all, become commodities that have a monetary value. Knowledge itself has become commodified. The WTO's Trade Related Intellectual Property Rights Agreement requires countries to allow the patenting of information about plant strains and genetic material. Vandana Shiva argues that this means:

> The knowledge of the poor is being converted into the property of global corporations, creating a situation where the poor will have to pay for the seeds and medicines they have evolved and have used to meet their own needs for nutrition and health care.

Global money

The spread of the capitalist practices that we have been examining inevitably generated an increasing circulation of money, but the truly astonishing rise in its international circulation during the last quarter of the 20th century was mainly the result of speculative money movements. By the end of the century trading in foreign currencies amounted to US $1.5 trillion *a day*, a sum equivalent to more than the *annual* Gross National Product of the UK. International investment, most of which was speculative, increased by a factor of nearly 200 between 1970 and 1997, according to Manuel Castells.

As Castells has emphasized, technological advances made possible this vast expansion of international currency dealing and investment. This was partly a matter of communications, for geo-stationary satellites, the digital transmission of data, and computer networks increased not only the speed of transactions but also the sheer amount of business that could be handled. It was also a matter of financial technology and innovation; many new ways of investing in the markets and channelling the capital of both companies and individuals into them were created by a flourishing financial services industry. It was new financial instruments and products as well as new communications equipment that generated the flow of money across borders.

The now infamous 'derivatives', of the kind traded so disastrously by Nick Leeson (see Chapter 1), were in the 1980s and 1990s the most sophisticated new financial instruments. Money was also more straightforwardly channelled through investment funds into the 'emerging markets' that began to attract investment in the 1980s. There were opportunities here for investors to buy cheaply into newly industrializing countries and then realize gains when prices rose. The financial industries of the affluent societies rapidly created a whole range of such funds to tap into the savings of ordinary people. The Asian economic crisis of the later 1990s (see Chapter 6) then rapidly destroyed much of the value accumulated in these funds.

It was not just technology and financial innovation that accounted for these flows of money across borders. The floating of currencies in the 1970s created new uncertainties and new opportunities, which stimulated currency trading and futures markets. 'Floating' meant that currency values were determined not by official rates but by the market, rising and falling according to the supply of a currency and the demand for it. There was greater uncertainty for companies that needed foreign currencies for their operations and they therefore needed to protect themselves by trading in futures. Above all, however, currency trading increased because of the greater opportunities that floating rates provided for speculation.

It is of some interest to consider briefly why currencies floated in this way. Previously, under the system set up at the Bretton Woods conference of 1944, currency values had been fixed in relation to the dollar, which in turn had its value fixed in relation to gold. The stability this provided enabled the expansion of international trade and a period of steady economic growth. In the early 1970s, however, it proved increasingly difficult to maintain the fixed value of the dollar and the United States government was forced to devalue it. There were particular reasons for the devaluation of the dollar at this time, notably the consequences of American government spending on the Vietnam War, but the Bretton Woods system had anyway come under a growing strain.

This was because fixed official exchange rates could only be maintained if governments either pursued unpopular policies or controlled the movement of money across their borders. If a growing trade deficit put pressure on the existing rate, and speculators began to bet on a devaluation, governments could take harsh economic measures to maintain the value of their currency. They could, for example, reduce consumption in order to curb imports. This was, however, politically very difficult in democratic societies. Alternatively, they could stop speculators moving money around, and this they tried to do through exchange controls. But it became harder to control money movements, as trade increased, as holdings of some countries' currencies, above all the US dollar, accumulated abroad, and as larger amounts of money began to move between countries.

The deregulatory spirit of the remarketized capitalism of the 1980s, which we examined in Chapter 3, also played its part in all this. Exchange rates fixed by the state and controls on the international movement of money did not accord with the renewed belief in free markets and competition. Greater competition between financial centres provided much of the momentum behind the deregulation of financial markets and financial innovation. Financial industries linked with stock markets were growing in economic importance and the health of these industries depended on their capacity to draw the international flow of money through their markets. Competition between the established financial centres of the world lay behind the City of London's 'big bang' deregulation in October 1987, as London tried to catch up with New York. But competition was also coming from new financial centres, and by the 1990s there were some 35 stock markets in developing countries. Some have become highly sophisticated financial centres, and it was through dealing on the Simex financial futures exchange in Singapore that Nick Leeson made and lost his reputation.

How global is global?

Capitalist institutions and practices have been spreading across the world, but at this point we must halt a moment and consider quite how global 'global capitalism' really is.

The circulation of money across the world has increased but is this 'financial globalization'? Even though new financial centres have emerged in developing countries and investment in 'emerging markets' became, for a time at least, fashionable, most of the money still flows between North America, Europe, and Japan. Castells has pointed out that in 1998 the emerging markets accounted for only 7% of the world's capital, even though their countries contained around 85% of the world's population. Furthermore, the money flowing into emerging markets at least temporarily diminished after the 1997–8 financial crises in Asia and Russia alarmed foreign investors. During the years 1998–2001 only $19 billion flowed into the emerging markets, as compared with $655 billion during 1994–7.

The same argument applies to global tourism. Much of the international circulation of tourists is between the already developed countries of Europe, North America, and Japan. In 2001 the world's top four earners from international tourism were the United States, Spain, France, and Italy, though significantly China came fifth.

Capitalist production has spread, and much more investment went into poor countries in the 1990s than the 1980s, but it was still heavily concentrated in a small number of countries, notably China, Brazil, and Mexico, with very little finding its way into Africa. According to OECD figures, roughly one-third of the foreign direct investment received by developing countries in the 1990s went to China. In the year 2000, the whole of Africa (excluding South Africa) received less than 1% of total world foreign direct investment, a sum equivalent to the amount received by one European country with a population of only 5 million – Finland.

While it is often claimed that global capitalism is integrating the world, international differences are actually increasing. Some previously poor countries, such as the Asian tiger economies, have hauled themselves up by their bootstraps and partially closed the gap between themselves and the rich countries. They are, however, the exceptions and, as the United Nations Human Development Reports have clearly shown, the gap between the richest and poorest countries has hugely increased. In 1820 the five richest countries in the world were three times as rich as the five poorest. By 1950, they were 35 times as rich; by 1970, 44 times; and by 1992, 72 times. The world has become steadily more *divided* by international differences in wealth.

One of the problems with the term 'globalization' is the implication that a new level of global organization has emerged that transcends national units, as with the term 'global corporation'. There are certainly many transnational corporations, in the sense that corporations operate in different countries and across national boundaries, but most operate in only a few countries and are hardly global in character. They are often seen as flouting the nation-state, transferring employment abroad, and often avoiding the payment of taxes in their home country, but all are based in a nation-state somewhere and most actually have the bulk of their assets and provide most of their employment in this state. They exploit the facilities of their home nation-state, its infrastructure and institutions, and use its power to promote and assist their operations abroad. They may provide employment in poor countries, but they also exploit their cheap labour, drive out local competitors, and channel profits back to their home state. As Peter Dicken has argued, transnational corporations are also national corporations, and most cannot really be described as global at all.

The notion of 'global capitalism' must then be used with caution. The flow of money and investment is so unevenly spread across the globe that it is more than a little misleading to describe it as 'global', while commonly used global terms, such as 'global capitalism', 'global economy', and 'global society' gloss over widening international differences and the continuing importance of national units and national governments.

Global capitalist dominance

In one respect there can, however, be little doubt that capitalism has gone globa.

The year 1989 saw the main global alternative, state socialism, begin to collapse. Gorbachev initiated a regime of 'restructuring and openness' in the Soviet Union, which also began to loosen its grip on its East European satellites. The Soviet economy had operated on the basis of central planning and the bureaucratic direction of the economy, with markets operating only at the margins. It has been castigated and ridiculed for its inefficiency, its low productivity, its poor overall economic performance, and pollution of the environment, which all apparently made it living proof of the superiority of capitalism. Its record of industrialization and substantial economic growth, its maintenance of full employment and low inflation, and its capable provision of education and health care have now been largely forgotten, though no doubt many Russians still remember the stability and security it once provided.

It collapsed largely because it could not compete with the more dynamic capitalist economies of the West. Expectations had been rising in Russia and Eastern Europe, for in a world of growing communication, people could not be insulated from the individualist consumer culture of the West. Economies operating under the constraints of state socialism could not meet these expectations, or at least not while so much of their resources were devoted to military production. It was arguably the burden imposed by the Cold War that was insupportable, and Reagan's 'Star Wars' programme may well have been the final blow, since it sharply escalated the military-industrial competition between the superpowers.

Gorbachev had tried to introduce a programme of gradual reform, but no gradual transition from a command to a market economy occurred. Once state direction ceased, economic paralysis followed, and under Yeltsin's leadership an attempt was made to jolt Russia into capitalism. The 'shock therapy' administered to the economy in 1991 freed prices from state control and by the end of 1994 had privatized three-quarters of Russia's medium and large enterprises. The consequences were catastrophic for most ordinary people. According to John Gray's account, between 1991 and 1996 consumer prices increased by a factor of 1,700 and some 45 million people fell into poverty. The policy of shock therapy was halted and, under the leadership of Putin, Russia may well now be moving back towards a more state-controlled form of capitalism. This would not, however, be a return to state socialism, for its structures have been dismantled, while some influential groups now have vested interests in capitalism, and Russia has become integrated into the world capitalist economy.

While the collapse of state socialism removed the main alternative model, developing societies were forced by financial pressures and international institutions to conform to the dominant American model of capitalism. A key role in this was played by American-dominated international financial institutions – the World Bank and the International Monetary Fund (IMF). Both were created during the Second World War by the same Bretton Woods conference that set up the postwar system of fixed exchange rates. The World Bank was to assist countries with postwar reconstruction and development, while the IMF was charged with maintaining international economic stability. Although their functions were different, in the 1980s these institutions began to jointly promote the free-market ideologies and policies that increasingly held sway in the United States and other leading industrial societies. Like other international institutions, they were dominated by their most powerful members.

They advocated three key and inter-related policies. The first of these was fiscal austerity to reduce wasteful government spending and eliminate loose monetary policies leading to inflation. The second was privatization to get rid of inefficient public enterprises, introduce market discipline, and also reduce government spending. The third was liberalization, the removal of barriers to trade, with the assistance of the WTO, founded in 1995, and the ending of government interference with the operation of markets. These policies were implemented through 'conditionality', that is loans were conditional on the pursuit of such policies. The high dependence of developing societies on loans meant that they were in a very weak position to resist such policies, however inappropriate they might be. Indeed, these policies were implemented in developing countries more rigorously than they were in the developed societies themselves. The United States, Europe, and Japan have all heavily protected and subsidized their agriculture.

Joseph Stiglitz, a senior figure at the World Bank between 1997 and 2000, has written a scathing critique of these policies, particularly as implemented by the IMF. He was not opposed to the policies themselves, which could bring benefits in some circumstances, but to their indiscriminate and over-hasty imposition. In inappropriate situations austerity could destroy valuable projects dependent on government expenditure and create mass unemployment, while privatization could lead to the plundering of public assets and higher prices for consumers. As for liberalization, particularly of financial markets, this could simply open the door to an invasion by foreign capital. Indeed, Stiglitz suggests that the IMF's policies in this regard were often driven by its links with Wall Street financial interests.

The policies were implemented as though there were no alternatives. Stiglitz draws a contrast between the experience of Russia and the experience of China. IMF advice led Russia into 'shock therapy' and the creation of mass poverty, while China's opposite strategy of gradualist transition 'entailed the largest reduction in poverty in history in such a short time span'. The secret of China's success was that instead of destroying old institutions in the expectation that new ones would then naturally emerge, China allowed new capitalist enterprises to develop within the existing social order. It did not make the mistake of mass privatization but rather created the conditions within which a private sector could emerge and flourish, following, as it happens, the advice given by Stiglitz!

This was not, of course, just a matter of choosing the right policies and policy advisers, for China's more effective elite, with a stronger economy and state, were in a much better position than the paralysed rulers of a disintegrating Soviet Union to go their own way and control the transition. The Chinese model appears to be making a successful economic transition.

The state socialist alternative has collapsed and, as the only viable economic system, capitalism has become globally dominant. There can be no doubt that capitalism has delivered goods and services in much greater quantities and with far greater choice than state socialism ever did. This does not, however, mean that there is only one route to economic success, for there are different routes and, as we saw in the last chapter, different ways of organizing it. We should not confuse the alternatives *to* capitalism with the elimination of alternatives *within* it.

The myths of global capitalism

'Global capitalism' is a short-hand phrase that conveys the idea that in recent years the institutions and practices of capitalism have spread into new areas of the world and connected distant parts closely together in new ways. There can be no doubt that this has happened and that there has consequently been a profound happened and that there has consequently been a profound transformation of the world in which we live. Capitalism is the globally dominant system and will continue to be so in the foreseeable future.

In the course of this chapter, we have, however, found that the notion of global capitalism has also generated powerful and misleading myths. *Myth one* is that global capitalism is recent, for it has deep historical roots. *Myth two* is that capital circulates globally, when in reality most of it moves between a small group of rich countries. *Myth three* is that capitalism is now organized globally rather than nationally, for international differences are as important as ever and nation-states continue to play a key role in the activities of transnational corporations. *Myth four* is that global capitalism integrates the world, since the more global capitalism has become, the more divided the world has become by international inequalities of wealth.

Chapter 6
Crisis? What crisis?

Those living in the midst of an economic crisis may well feel that their world is collapsing. They may indeed think that the whole capitalist system is coming to an end. Crises of capitalism are not, however, exceptional events but rather a normal part of the functioning of a capitalist society. In the 19th century they became a regular feature of economic life, though crisis mechanisms that are familiar in today's world actually appeared centuries earlier. This chapter begins with the 'tulipomania' of 17th-century Holland, which shows the same basic mechanisms in operation as the recent dotcom and information technology bubbles.

The tulip bubble in 17th-century Amsterdam

After their 16th-century arrival from Turkey, tulips, especially the more exotic and rarer specimens, had become highly prized in 17th-century Holland. Tulip growing spread in the rich alluvial soil of Holland but scarce supply and high demand resulted in rapidly rising prices. Its high profitability attracted many into this trade, where little investment was required and money could easily be made.

The high demand for bulbs led to rapid changes in the bulb trade. At first bulbs were sold in large quantities, sometimes in complete beds, but as demand grew these were broken down into smaller units until individual bulbs, particularly those of the most valuable varieties, were traded. Then a market developed in the outgrowths from the bulb, the clones from which future bulbs could be grown. Finally, in the 1630s, the tulip trade generated the market in tulip futures that led to the 'tulipomania' of 1636–7.

How did this happen? Initially, the trading season was short and lasted only a few months after the flowering and lifting of the bulbs. To meet expanding demand traders began buying and selling tulips that were still in the ground. They were now in effect buying and selling bulb futures. Promissory notes specified the details of the tulip bought and when it would be lifted, while a sign in the ground identified the owner. It was then but a small step to trade in the notes rather than the bulbs, for rapidly rising bulb prices gave the notes themselves an increasing value.

The tulip futures trade became a wildly speculative bubble, where prices were pushed up not by the demand for bulbs but the demand for the 'paper' futures. Since only a deposit had to be made on the future purchase, a small amount of money went a long way, so long as the contract note could be unloaded on someone else at a profit before full payment became due. As contract dates approached, dealing became increasingly frenzied and the notes circulated faster. Prices eventually rose to the point at which no-one was prepared to buy and then suddenly collapsed. There was no real demand for many of the quite ordinary tulips that had been drawn into the speculative dealing at the height of the boom. Since no-one actually wanted these bulbs, the right to buy them in the future was ultimately worthless and there was, therefore, no floor to the crashing market.

Trading in futures was the central mechanism in the inflation of this bubble and at this time was already an established practice of merchant capitalism but it was, interestingly, not the merchants who were the main players. Some did become involved but the really big merchants, who were busy making relatively risk-free money from their monopolies, seem to have held aloof. The bubble was inflated as ordinary people, such as weavers, bricklayers, carpenters, and cobblers, became involved. They raised capital by using up their savings, borrowing, mortgaging their property, or making payments in kind. Simon Schama gives the example of the purchase of just one rare bulb with 'two *last* of wheat and four of rye, four fat oxen, eight pigs, a dozen sheep, two oxheads of wine, four tons of butter, a thousand pounds of cheese, a bed, some clothing and a silver beaker'.

The trading of bulbs and notes was not carried out in the Amsterdam stock exchange, though there was plenty of other speculative activity going on there, but in the taverns where 'colleges' of traders met and drank. These colleges developed their own secret procedures, trading rituals, and festivities, a poor man's version of those at the stock exchange. Speculative capitalism was then, as it is now, not just the province of sophisticated financiers but also a popular activity.

Crises of the 19th century

Serious as its consequences were for those involved, the bursting of the tulip bubble did not impact significantly on the economy as a whole. There was not at this time a sufficiently high integration of economic activities to spread a crisis in one area to the whole economy. It was the growth of capitalist production that produced the necessary linkages to make crises economy-wide. Furthermore, capitalist production actually generated new crisis mechanisms, which Karl Marx analysed.

Marx argued that capitalism was prone to crises because production was separated from consumption. In pre-capitalist societies they were closely related, since most production was for more or less immediate consumption. Under capitalism, goods were increasingly produced for sale in markets and this relationship became more distant. Goods were produced in the expectation that they could be sold, but the market might be unable to absorb them. Marx described capitalism as anarchic because production was no longer directly regulated by the needs of those consuming its products.

A tendency to overproduce was in fact built into capitalist production. Competition between producers generated a pressure to expand production, since higher volume reduced costs, cheapened prices, and enlarged market share. When the amount of goods produced exceeded the demand for them, there would be an overproduction crisis and prices would fall, eventually below the level at which profits could be made. This not only damaged the industry concerned but had knock-on effects that spread the crisis. Investment would decline and hit those industries producing machinery. Workers would be laid off or wages lowered, which would further reduce consumer demand. In these ways, overproduction generated vicious circles, leading to closures and bankruptcies, and high levels of unemployment. Mass unemployment then resulted in a social crisis, for in a capitalist economy people were in a quite new way dependent on wage labour for their survival. Such crises occurred roughly every ten years during the first half of the 19th century.

Although unemployment caused great suffering and some capitalists went out of business, these crises did not destroy capitalism. Indeed, Marx argued that it was crises that made it possible for capitalism to continue, since they eliminated the strains of overproduction, forced out the least efficient producers, and enabled the renewed operation of virtuous circles, once closures and bankruptcies had reduced production to a level closer to demand. Similarly, lower wages increased profitability and cheaper prices stimulated demand. Lower interest rates made it cheaper to borrow money for investment. Production could start to expand again, employment would rise, and there would be more people with money in their pockets to buy goods.

Capitalism would therefore expand its way out of crisis but, he argued in the *Communist Manifesto*, this expansion would only lead to 'more extensive and more destructive crises'. This did not mean, as some of his followers have thought, that Marx believed that capitalism would end in some huge economic collapse. It would come to an end only when overthrown by the workers it exploited. Certain tendencies in its development would facilitate this eventual overthrow. The advance of technology and the concentration of ownership would increase the size of units of production and workers would be concentrated in larger masses that would be easier to organize. Crises would certainly play a part in all this by radicalizing workers through their experience of them. They would also be radicalized by the widening gulf between the wealth of the increasingly small group of capitalists who enjoyed the profits of capital and the poverty of the frequently unemployed masses.

Ownership did become more concentrated, units of production increased in size, and workers became more organized. Workers were coerced into an acceptance of capitalism by their economic dependence on employment and the repression of revolutionary movements that sought to overthrow the capitalist system. They have also been incorporated through their organizations into the political structures of capitalist societies, and seduced by the flood of goods and services that capitalist production has provided. There was, anyway, no crisis of a sufficient scale to threaten the capitalist economic system until the 1930s.

The Great Depression in the 1930s

A period of reasonably steady, if not crisis-free, growth lasted from the middle of the 19th century until the First World War and this apparently resumed in the 1920s. The ending of the First World War had, however, left the world economy in a fragile state. The City of London's stabilizing financial dominance had now passed into history and international economic relationships were disorganized and unstable during the 1920s. Furthermore, the war and its aftermath had left many countries, above all Germany, heavily in debt and with weakened economies that made it difficult to service and repay debts. This was the background to the Great Depression of the 1930s, a depression so deep and extensive that Eric Hobsbawm considers it 'amounted to something very close to the collapse of the capitalist world economy'.

There had been many signs in the 1920s that all was not well with the world economy, but it was the 1929 collapse of the Wall Street stock market in New York that signalled the plunge into depression. New York prices crashed in October 1929 but then continued downwards until they hit bottom in June 1932, having lost over 80% of their value since their September 1929 peak.

Cumulative mechanisms depressed the economy. Production declined throughout the industrial world and this resulted in sharply rising unemployment, which reduced demand and led to the further contraction of production. In the United States, industrial production fell by one-third during the years 1929–31 and over a quarter of the labour force was unemployed at the bottom of the slump. Unemployed workers could no longer pay the interest on their house loans and this threatened the solvency of local banks. They could no longer afford to buy consumer goods, especially cars, and American car production halved, throwing more people out of work. Low state benefits at this time not only made unemployment a far worse experience than it is in today's industrial societies, they also meant that mass unemployment could eliminate the purchasing power of a large part of the population.

This was not just a crisis of the industrial world, for there was also a severe depression in agriculture. As consumer demand declined and stocks accumulated, the prices of agricultural products fell, tea

13. Traders watch the ticker tape as Wall Street crashes in 1929

and wheat prices dropping by two-thirds and the price of silk by three-quarters. Farmers reacted by increasing production in a vain attempt to maintain their incomes but this led to prices falling even further. The dominant images of the 1930s are of the unemployed in Europe and America lining up at soup kitchens or setting off on hunger marches. Countries such as Argentina, Brazil, and Cuba, or Australia and New Zealand, with economies dependent on their

14. Labour is auctioned to the highest bidder during the 1930s Depression in the United States

export of food and raw materials to the industrial societies, were equally devastated.

The 1930s demonstrated the capitalist world economy's *vulnerability* to crisis. The problem was not so much the occurrence of crisis, for, as we have seen, crises are part of the normal machinery of capitalism, but the ensuing crash of capitalist economies across the world, as cumulative mechanisms spread and deepened the crisis. Three main sources of this vulnerability can be identified.

There was first the huge growth in productive capacity that had taken place over the previous century. This meant that equally huge levels of demand were necessary if production was to be absorbed and applied not only to the production of manufactured goods but also to the production of food and other primary products. Insufficient demand for products has been interpreted not only as overproduction but also as underconsumption by poorly paid workers. Either way, the increasing scale of production and the growing numbers of people employed in it meant that a failure of consumption to keep pace with production could precipitate a rapid downward spiral of the economy, as workers, who were also consumers, lost their jobs.

The second was the international division of labour that integrated the world economy. The industrial societies produced the manufactured goods and the rest of the world concentrated on producing food and raw materials. If demand fell in the industrial societies, the primary producers exporting, say, beef, coffee, or sugar, to them found that their sales, prices, and incomes dropped. When their incomes dropped, the overseas markets for industrial goods declined. Some historians consider the depression began in the primary producer countries and was then transmitted to the industrial societies, while others have argued the opposite, but, either way, a crisis in one group of countries was inevitably transmitted to the other and then reverberated between them. Global economic integration was another mechanism that amplified the depression.

The third was the tension between international trade and national protection. As the first industrial nation, Britain had promoted free-trade policies, which maximized the markets for its products. When other countries industrialized, they were inevitably more protectionist, since their infant industries needed protection in order to establish themselves. A growing international competition then generated ever more calls for national protection. British economic dominance and global economic growth had none the less maintained free trade until the First World War, but after this war, and partly because of it, the international economy was no longer dominated by Britain and no longer characterized by stable economic growth.

When domestic production faced a crisis, it was hard to resist the temptation to protect the national economy against foreign competition and as soon as action of this kind was taken by one country, others followed. In particular, the introduction of extensive tariff protection of its economy by the United States in 1930 triggered a retaliation by other countries. Furthermore, the 19th-century division of the world between competing empires provided the industrial societies both with an illusion of self-sufficiency and ready-made structures within which they could shelter. The result was a cumulative decline of world trade that made the depression worse.

Out of the depression emerged a new set of policies designed to prevent it ever happening again. Governments were accustomed to respond to depression by cutting their expenditure or raising taxes, in order to balance their books when declining economic activity reduced their tax revenue. John Maynard Keynes argued that governments could counteract tendencies towards depression by injecting demand into the economy, by borrowing and spending or by lowering taxes. These 'Keynesian' policies began to make an impact in some countries in the later 1930s, though it was above all the huge state expenditure generated by the Second World War that hauled the global economy out of the depression.

From postwar boom to new crisis

During the quarter-century after the end of the Second World War it really did seem as though the crisis tendencies of capitalism had at last been mastered. Fears of a postwar return to high unemployment proved groundless. Governments thought they now knew how to use Keynesian policies to prevent crises getting out of control, though the steady economic growth of this period probably had little to do with their economic skills, for governments frequently mistimed their interventions and were as likely to reinforce as counteract the economic cycle. There were other underlying factors that fuelled the boom.

The heavy spending of the war period had not in fact stopped, for the United States was now engaged in a new war, the Cold War with the Soviet Union. This led not only to military expenditure overseas but also to the deliberate revival of the Japanese and European economies, since these areas were in the front line of the Cold War. It also led to the space race, as the United States reacted to Soviet success in putting Gagarin into space by pouring money into its own space programme. This was an expansive dynamism that was very different from the isolationist protectionism of the interwar period. The largest economy in the world was spreading economic growth across it.

Technological advance greatly increased production but an overproduction crisis was avoided because consumer demand too was steadily increasing. Higher productivity meant that the prices of goods came down, so that they fell increasingly within the reach of the workers who made them. Car ownership, for example, was spreading down the social scale. Greater productivity also allowed workers' wages to rise, while full employment maximized worker bargaining power.

Much of this growth was, however, at others' expense. The affluence of the industrial societies depended on the low prices of the primary products from the rest of the world. The low price of oil was particularly crucial, because it was not only a fuel but also the basis of a wide range of synthetic materials. These were substituted for the 'natural' products of the Third World and further drove down the prices they could command. Thus, new synthetic textiles diminished the demand for cotton. The relationship between the prices of manufactured goods and primary products changed to the disadvantage of the primary producers, who found that by 1970 manufactured goods were costing them one-third more than they had done in 1951.

In the 1970s all this changed, for the virtuous circles that had enabled the growth of the two previous decades turned vicious as the international economy hit the buffers. The clearest example of this was a rise in the prices of many primary products, notably oil, which steadily increased industrial costs and shop prices, both hitting profits and diminishing real wages and, therefore, reducing spending power. Profits were squeezed by wage increases, partly because of the continued growth of union organization and rivalries between unions, partly because workers reacted to price and tax increases by demanding wage increases that would maintain their standard of living. Another problem was that American military expenditure and imports had flooded the world with dollars that could no longer be absorbed by the existing international financial system based on fixed exchange rates.

The result was a crisis quite different in character to that of the 1930s. In the 1930s demand had collapsed but now there was too much demand, which forced prices and wages up. Furthermore, the floating of currencies after the collapse of fixed exchange rates relaxed monetary controls on inflation, for governments were now under less pressure to guard the value of their currency in order to maintain these rates.

Increasing international competition intensified the crisis. The recovery of Germany and Japan from the destruction wrought on their economies by defeat in the Second World War brought modern and highly efficient industries into production. This further increased the pressure on world resources and also generated a new overproduction crisis. Higher wages and raw material prices due to greater demand, followed by an overproduction that reduced the prices that companies could charge for their goods, made it much more difficult to make profits.

The impact of Japan on the profitability of the industries of the old industrial societies was particularly devastating, because in Japan government and industry cooperated very effectively in pursuing long-term policies designed to create new industries and capture markets, while Japanese productivity was much higher. It was the old industrial societies that faced particular problems in dealing with this crisis. Their development of managed capitalism had, as we saw in Chapter 3, restricted or replaced the market mechanisms that would have promoted a rapid rationalizing response. An effective response had to wait upon the remarketizing of their economies by the governments of the 1980s.

Instability

After the 1970s a new world of slower growth, greater instability, and frequent crises emerged. Growth rates in the last quarter of the 20th century were half those of the previous quarter. They also diverged sharply, with some countries, notably Australia, Ireland, and the Netherlands, growing much faster during the 1990s than the 1980s, while in a much larger group of countries, such as Germany, Italy, Japan, Korea, and Switzerland, growth rates fell back. Many countries were on the edge of crisis much of the time, but even strong national economies ran into trouble when growth bubbles burst. Crises could also spread easily from one country to another, as in the crisis of 1997–8, which began in the apparently strong economies of East Asia but then spread to Russia and later Brazil.

This was a world of intensified international competition. As we saw above, the growth of international competition was one of the processes that led to lower profitability in the old industrial societies during the 1970s. Lower profitability then resulted in companies seeking to restore profits by finding cheaper labour elsewhere. As industrial employment, whether in manufacturing or services, spread to new areas of the world, international competition increased even further. The collapse of the Soviet Union allowed the countries of Eastern Europe to bring their considerable supplies of cheap labour into the capitalist world. The entry of China at least began to bring almost a quarter of the world's population into the world economy.

Higher production, resulting from increased capacity and also, of course, technological change, could be absorbed if demand increased as well, but global demand did not expand at the same rate as the supply of goods. After all, one reason why new centres of production emerged was the availability of cheap labour, and low wages did not generate much consumer demand. The lending of recycled oil money to Third World countries initially stimulated consumption there, but higher interest rates then left these countries with huge long-term debts, which a large part of their national incomes was devoted to servicing and paying off. As we saw in Chapter 5, international inequality steadily increased, which meant that consumption was more and more concentrated in the established industrial societies of America, Europe, and, by now, the Far East.

Consumer demand in these countries too was, however, faltering. Companies reduced wage costs in order to at least try to compete with cheap imports from the new industrializers, and real wages and therefore purchasing power declined. Privatization exposed cushioned state employees to the rigours of the open labour market. Labour was shifted from 'good jobs' in manufacturing to poorly paid service work. Higher unemployment in many countries further depressed consumer demand. Governments have been less willing to spend and more concerned to balance their budgets, in line with post-Keynesian economic orthodoxy. Global consumption has not therefore kept pace with global production, and overproduction has been an ever-present threat to profits, wages, and employment.

While one response to the declining profitability of production was to search for cheaper labour abroad, another was, as Arrighi has argued, to shift capital from investment in production to speculation in shares, currencies, and derivatives. As we saw in Chapter 5, huge amounts of money began to flow across national borders and became a new source of instability in the capitalist world economy, leading to the East Asian crisis of 1997.

Large amounts of money seeking investment in 'emerging markets' had moved into the apparently strong East Asian economies, but in 1997 fears about the stability of the Thai economy triggered a withdrawal of funds. This in turn led to the collapse of share prices and the currency, and bank failures. A similar sequence of events followed in Malaysia, Indonesia, Hong Kong, and South Korea. It did not stop there and crises followed in Russia and Brazil, as investors pulled money out of any economy judged to be weak. The ensuing recession in the immediately affected countries not only devastated their economies but impacted globally, as East Asian demand declined, hitting, for example, American agricultural and aircraft exports to the region.

This crisis demonstrated the new instability of the capitalist world economy in two ways. The fears that led to the withdrawal of funds from Thailand resulted at least in part from the threat to profits from increasing competition in the region as the producers of goods as various as microchips, steel, and cars multiplied. The crisis was then amplified by international financial integration and the ease with which money could now be moved into and out of national economies. Overproduction, increasing international competition, and the mobility of money interacted with each other to produce a crisis that bounced from one country to another for well over a year.

The information technology boom

A revolution in information and communication technology (ICT) seemed to provide an escape from this instability into a new era of economic growth. This was not only because of investment in 'silicon valleys' and the creation of new hardware and software products but also because these could enhance the productivity of many existing industries. According to the OECD, 'ICT is transforming economic activity, as the steam engine, railways and electricity have done in the past'. There can be little doubt that it has transformed people's work lives, through word-processing and computer-controlled production, geo-stationary satellites and mobile phones, the Internet and the Web, e-commerce and telework. According to the OECD, investment in ICT certainly contributed to economic growth during the 1990s, above all in the United States but in many other countries too, especially Australia and Finland.

There was, however, no escape from the cycle of boom and bust that has occurred so often in the history of capitalism, as e-commerce showed. *Lastminute.com* provides a good example. Founded in 1998, *Lastminute.com* was based on the idea that the Internet could be used to match companies desperate to unload unsold holidays or meals or hotel rooms on consumers looking for last-minute bargains. In March 2000, at the height of the dotcom boom, it was floated on the stock market at a price of £3.80p, which valued it higher than many well-established and profitable companies. Its price rose quickly to over £5 a share and its founders had apparently joined the ranks of the dotcom millionaires, but within a week the dotcom bubble had begun to deflate and *Lastminute*'s share price started to fall, dropping to 17p by September 2001. Although, as originally conceived, it had failed, *Lastminute* did survive, by turning itself into an Internet travel agency and using the capital it had raised through its flotation to buy up other companies. It was expected to make a small profit for the first time in the financial year 2002–3.

Lastminute was untypical in that it survived but typical in many other ways of the dotcom boom. Its initial funding came from venture capital and at first it struggled to raise the money it needed to stay in business but, after massive media publicity, banks competed for the right to float it on the stock market. At the time of its flotation (by Morgan Stanley) it was oversubscribed 47 times, even though it was expected to make a loss of £20 million that year. Its share price was not based on expected earnings but on the gains that could be made from rising prices in a stock-market boom. The frenzied competition for both its business and its shares was driven by the fear of missing out and fuelled by a media-hyped new

15. Martha Jane Fox and Brent Hoberman, the founders of *Lastminute.com*, looking pleased with themselves just before the company was floated in March 2000

technology euphoria. As with all bubbles, some investors eventually decided that the peak had been reached and started to cash in their gains. Once the normal criteria of profitability were reasserted, the non-existence of profits in the foreseeable future meant that prices fell towards zero.

The telecommunications industry experienced a similar rise, if not quite such a catastrophic fall. In Britain, privatization had removed public-sector restraints and BT embarked on a buying spree aimed at turning it into a global corporation. BT bought companies in other countries, attempted to merge with major American corporations, and competed for mobile phone licences. This last proved ruinous for all involved, as governments auctioned these licences to the highest bidder, raising £22.5 billion in Britain and £31 billion in Germany, though those paying for the licences could only guess at how much they might earn from them. The outcome was hugely indebted telecom companies. BT's debts peaked at £28 billion and to reduce them to a supportable level it had to sell off at a heavy loss the overseas companies it had bought and its mobile phone operation.

One of BT's major competitors was WorldCom, the second largest long-distance phone company in the United States and its biggest Internet carrier. WorldCom was worth $180 billion at its peak and employed 80,000 people, but in July 2002 it filed for bankruptcy, after disclosing that it had misleadingly inflated its profits by some $9 billion. As this came hard on the heels of the similar Enron scandal, there was great press interest in the corporation's fraudulent accounting practices, but these concealed other problems. Starting as a small Mississippi phone company, WorldCom had acquired 60 companies in 15 years until its expansion was halted in 2000 by European and American regulators, who feared that a proposed merger (with Sprint) would give it a global stranglehold on Internet traffic. WorldCom had in fact already bought more capacity in broadband than the existing demand justified, while it also met growing competition from new entrants to the long-distance phone market and mobile phone companies. This was another story of over-expansion, increasing competition, excess capacity, indebtedness, insufficient earnings, and unprofitability.

The ICT revolution had stimulated a burst of economic growth in some countries and conferred many benefits on at least some of the people who lived in them, but it had not solved the problems of the capitalist world economy. The ICT sector went through the same cycle of expansion, overproduction, increasing competition, and contraction that earlier industries transformed by technological advances had experienced. ICT had also made its own unique contribution to the instability of capitalism by enabling the faster movement of larger quantities of money across the world.

A deflating world?

Some economic commentators now fear that the world economy is entering a deflationary period of falling prices. If prices fall, and the prices of goods at least have been falling, this encourages people to hold back on spending, since goods will become even cheaper in the future. It can similarly encourage businesses to hold back on the purchase of new machinery. If consumers and businesses spend less, the chronic problem of overproduction becomes worse. Profits fall, investment declines, and unemployment rises. People then have even less to spend or are increasingly reluctant to do so because of growing insecurity. Such vicious circles could lead to a cumulative decline of economic activity.

A deflationary spiral of this kind has been observed in Japan. Soaring prices after decades of growth created a bubble that burst in the early 1990s. Since then domestic demand has been falling, prices have dropped, and unemployment has risen. As people became increasingly fearful about the future, they saved more and consumed less, while falling prices gave consumers an incentive to delay purchases. Attempts by the government to stimulate demand by reducing interest rates or increased public expenditure have failed so far to do so.

Japan initially appeared to be a special case, because the Japanese have historically saved a high proportion of their income, while the relative absence of a welfare state increased their 'rainy day' reliance on savings. There is clearly a vicious circle here, since lower spending results in higher unemployment, which generates more insecurity, which leads to more saving, and so on.

However, Germany too has recently been travelling down a deflationary path, even though a particular form of state welfare is well developed there. It has been argued that Germany is also a special case, either because of the costs of its reunification or the rigidities of its labour market. If two large and rather different economies are caught in deflationary circles, that does, none the less, suggest that this may be a more general problem.

In which case, why have such circles not developed in Britain? Consumer spending has apparently 'defied gravity' by continuing to increase. Expenditure on services, where prices have continued to rise, has been particularly important in maintaining employment in the labour-intensive service sector. The expansion of credit has played a key part in this growing consumption. The highly developed and very competitive British financial services industry has found new ways of selling credit, most recently by lending on the security of the increased value of people's houses. The problem of overproduction has been temporarily solved by a debt-fuelled overconsumption.

Debts cannot, however, expand indefinitely. People's willingness to borrow and spend can be changed suddenly if their circumstances change, and in Britain their circumstances are indeed clearly changing, with higher taxation, higher university fees, and worsening pension prospects. Increasing debt can only sustain demand for a time and there is the risk of a very sudden and large contraction when people cut their spending because they can no longer afford to borrow and have high repayments to make.

The bursting of the ICT and related stock market bubbles made these problems that much worse. As the bubbles inflated, new products, high earnings in the financial services industry, and the euphoria of increasing personal capital stimulated spending. Then the bursting of the bubble resulted in the contraction of employment and earnings in the communications industry and financial services. It also resulted in many people losing a large chunk of their savings *and* expecting smaller pensions, because pension funds have made big losses. A similar sequence may follow if the bubble in house prices also bursts.

All this may be expected to shift people's priorities from spending to saving. Furthermore, governments with expenditure plans based on the increasing tax revenues generated by growth have now to reduce spending or increase tax rates or borrow more, all of which will have consequences that reduce consumer demand. Declining consumption would further widen the gap between production and consumption and result in the problem of overproduction/underconsumption becoming progressively worse.

A final crisis?

The capitalist world economy's failure to enter a new period of sustained and stable growth, the scandals at Enron and WorldCom, the bursting of various financial bubbles, together with predictions of a future slide into deflation, have led some to suggest that the capitalist system is in danger of collapse, of sliding into some final crisis.

The scandals around Enron and WorldCom seemed particularly serious, since they threatened the normative basis of capitalism. If executives with share options were fraudulently inflating profits, company profit figures could no longer be believed, while the complicity of respected accountancy firms meant that audit mechanisms designed to prevent such abuses were not functioning. The similar failure of a raft of Wall Street banks to provide objective investment advice to their clients, who were steered towards companies in which the banks had interests, has also come to light. All this means that the information and advice on which investors rely cannot be trusted. Confidence in the operations of the capital market at the heart of capitalism has been shaken.

Scandals have, however, been a recurring feature of capitalism. The true capitalist is motivated by the amoral accumulation of money and this frequently drives particular individuals to bend or break the rules. It is only when bubbles burst that the fraudulent practices easy to conceal at times of expansion suddenly become visible. Governments then punish wrongdoers and increase regulation, as has been recently happening in the United States. Even if this cannot prevent new scandals occurring in the future – regulation always leaves ambiguities and loop-holes that allow sharp practice – it can sufficiently restore confidence to enable the market to operate.

The history of capitalism is, in any case, littered with crises. Periods of stable economic growth are the exception not the norm. The quarter century of relatively stable economic growth after 1945 may have shaped a generation's expectations about capitalist normality but it was not historically typical of capitalism. Crises are one of its normal features, for there are so many dynamic and cumulative mechanisms operating within it that capitalism cannot be stable for long. The separation of production from consumption, the competition between producers, the conflict between capital and labour, financial mechanisms that inflate and then burst bubbles, the switching of money from one economic activity to another are all sources of instability that have characterized capitalism from its very beginnings and will no doubt continue to do so.

Particular crises also come to an end. Thus, if overproduction is the problem, unprofitability leading to bankruptcies and closures will eventually reduce capacity. The more efficient producers that are left will become more profitable, expand production, employ more, and generate demand. A high rate of product innovation is one of the features of capitalist economies, and the creation of new products or new technologies will again stimulate growth some time in the future. While crisis has undoubtedly been a recurrent feature of capitalist economies, so has the astonishing capacity for the resumption of growth when the crisis has passed.

The other face of crisis in one part of the world is, anyway, growth somewhere else. Thus China's entry to the capitalist world economy, with its huge reserves of cheap labour, has increased international competition and threatened profitability and employment elsewhere. China itself, however, with nearly a quarter of the world's population, is potentially a huge source of world growth in the future. Cheap labour countries may not initially generate much consumer demand, but when growth takes place in them, higher demand for labour may be expected to lead to rising wages and greater consumption in the future. China is already becoming a big importer as well as a great exporter.

In the 1930s the Soviet Union was industrializing on the basis of a non-capitalist, state-socialist economic system, while strong socialist movements in capitalist industrial societies were still gathering strength and seeking to engineer a shift to such a system. With the collapse of the state-socialist economies at the end of the 1980s and the decline of socialist movements, this alternative has gone.

That is not to say that the opposition to capitalism has disappeared. Anti-capitalist movements still exist and have made their presence felt in various ways, notably by organizing large demonstrations to coincide with international economic meetings, as at the 'battle of Seattle' in 1999 and the 'battle of Genoa' in 2001. Their weakness is, however, that although they attract considerable support, they do not present a viable alternative to capitalism in the way that socialism once, for a time at least, did.

Nor is this to say that alternatives have disappeared from the capitalist world economy. As Chapter 4 showed, there are distinctive national variants, and these have not been forced by globalization into some common mould. The economic dominance of the United States has admittedly resulted in the imposition of a free market version of capitalism on economically weak countries, particularly those seeking to borrow from US-dominated international organizations. Well-established capitalist economies have, however, maintained their political and institutional distinctiveness and continue to provide alternative models. What matters here is not just what the established alternatives have on offer, interesting though this may be, but a recognition of the fact that distinct national variants have always existed and continue to operate within the capitalist world economy.

The search for an alternative *to* capitalism is fruitless in a world where capitalism has become utterly dominant, and no final crisis is in sight or, short of some ecological catastrophe, even really conceivable. The socialist alternative has lost its credibility, while contemporary anti-capitalist movements seem to lead nowhere, because of their failure to provide a credible and constructive alternative that is compatible with existing patterns of production and consumption. Those who wish to reform the world should focus on the potential for change *within* capitalism. There are different capitalisms, and capitalism has gone through many transformations. Reform does, however, require an engagement with capitalism and cannot be accomplished by movements that stand outside it and merely demonstrate against it.

References

Chapter 1

F. Braudel, *The Wheels of Commerce* (William Collins Sons and Co., 1982)

K. N. Chaudhuri, *The English East India Company 1600–1640* (Frank Cass and Co., 1965)

J. Gapper and N. Denton, *All That Glitters: The Fall of Barings* (Hamish Hamilton, 1996)

C. H. Lee, *A Cotton Enterprise 1795–1840: A History of M'Connel and Kennedy* (Manchester University Press, 1972)

H. de Soto, *The Mystery of Capital* (Bantam Press, 2000)

E. P. Thompson, 'Time, work-discipline, and industrial capitalism', *Past and Present*, vol. 38 (1967), pp. 56–97

Chapter 2

R. Brenner, 'Agrarian Class Structure and Economic Development in Pre-Industrial Europe', *Past and Present*, vol. 97 (1982)

C. M. Cipolla, *Before the Industrial Revolution: European Society and Economy 1000–1700*, 3rd edn. (Routledge, 1997)

H. Kamen, *The Iron Century: Social Change in Europe, 1550–1660* (Weidenfeld and Nicolson, 1971)

M. Morishima, *Why has Japan 'Succeeded'?* (Cambridge University Press, 1982)

H. Trevor-Roper, *Religion, the Reformation, and Social Change*, 2nd edn. (Macmillan, 1972)

M. Weber, *The Protestant Ethic and the Spirit of Capitalism* (George Allen and Unwin, 1930)

E. M. Wood, *The Origin of Capitalism* (Monthly Review Press, 1999)

Chapter 3

A. Gamble, *The Free Economy and the Strong State: The Politics of Thatcherism*, 2nd edn. (Macmillan, 1994)

A. Giddens, *The Third Way: The Renewal of Social Democracy* (Polity, 1998)

J. Percy-Smith and P. Hillyard, 'Miners in the arms of the law: a statistical analysis', *Journal of Law and Society*, 12 (1985)

D. Yergin and J. Stanislaw, *The Commanding Heights: The Battle for the World Economy* (Simon and Schuster, 1998)

Chapter 4

A. D. Chandler, *Scale and Scope: The Dynamics of Industrial Capitalism* (Harvard University Press, 1990)

D. Coates, *Models of Capitalism: Growth and Stagnation in the Modern Era* (Polity Press, 2000)

R. P. Dore, *Stock Market Capitalism: Welfare Capitalism: Japan and Germany versus the Anglo-Saxons* (Oxford University Press, 2000)

C. Johnson, *MITI and the Japanese Miracle: The Growth of Industrial Policy, 1925–1975* (Stanford University Press, 1982)

Organization for Economic Cooperation and Development, *Benefits and Wages* (OECD Indicators, 2002)

Organization for Economic Cooperation and Development, *Economic Survey of Sweden* (2002)

D. Swank, *Global Capital, Political Institutions, and Policy Changes in Developed Welfare States* (Cambridge University Press, 2002)

F. B. Tipton, 'Government policy and economic development in Germany and Japan: a sceptical evaluation', *The Journal of Economic History*, 41 (1981)

Chapter 5

M. Castells, 'Information technology and global capitalism', in *On the Edge: Living with Global Capitalism*, ed. W. Hutton and A. Giddens (Jonathan Cape, 2000)

D. Coates, *Models of Capitalism: Growth and Stagnation in the Modern Era* (Polity Press, 2000)

P. Dicken, *Global Shift: The Internationalization of Economic Activity*, 3rd edn. (Paul Chapman, 1998)

J. Gray, *False Dawn: The Delusions of Global Capitalism* (Granta, 1998)

V. Shiva, 'The world on the edge', in *On the Edge: Living with Global Capitalism*, ed. W. Hutton and A. Giddens (Jonathan Cape, 2000)

J. Stiglitz, *Globalization and its Discontents* (Allen Lane, 2002)

United Nations Development Programme, *Human Development Report* (Oxford University Press, 2001)

Chapter 6

G. Arrighi, *The Long Twentieth Century: Money, Power, and the Origins of Our Times* (Verso, 1994)

E. Hobsbawm, *Age of Extremes: The Short Twentieth Century* (Abacus, 1994)

K. Marx and F. Engels, *The Communist Manifesto* ([1848] Penguin, 1967)

Organization for Economic Cooperation and Development, *The New Economy: Beyond The Hype* (2001)

S. Schama, *The Embarrassment of Riches* (Collins, 1987)

Further reading

Chapter 1

Fernand Braudel's three-volume *Civilization and Capitalism: 15th–18th Centuries* (William Collins, 1982–4) is a wonderful source of insight into the nature and early history of capitalism. See especially Volume II, chapters 3 and 4, and the Conclusion to Volume III. On the methods used to discipline and control labour in 19th-century factories, see S. Pollard, *The Genesis of Modern Management* (Penguin, 1968). The excesses of the speculative capitalism of recent years are chronicled by Susan Strange in *Casino Capitalism* (Manchester University Press, 1997). To read further about Marx (and Max Weber) on capitalism, see Derek Sayer's *Capitalism and Modernity* (Routledge, 1991). Hernando de Soto's book, *The Mystery of Capital* (Bantam Press, 2000), contains intriguing reflections, going back to the writings of Adam Smith and Karl Marx, on the character of capitalism and its failure to emerge locally in Third-World countries.

Chapter 2

Ellen Meiksins Wood, *The Origin of Capitalism* (Monthly Review Press, 1999) provides a clear and forceful account of the origin of capitalism in Britain and is also the best way into the long-running Marxist debates on this question. In *The Transition from Feudalism to Capitalism* (Macmillan, 1985), R. J. Holton very usefully reviews both Marxist and non-Marxist theories. There is again much on the origins question in the Braudel volumes listed for Chapter 1. Although it is concerned with broader issues, Volume 1 of Michael Mann's *The Sources of Social Power* (Cambridge University Press, 1986) provides a theory of the origins of capitalism in feudalism and argues that Christianity and the political fragmentation of Europe were also crucial. Mann is much concerned with the distinctiveness of Europe, as is John Hall, who in *Powers and Liberties: The Causes and Consequences of the Rise of the West* (Blackwell, 1985) compares Europe with China, India, and Islamic societies.

Chapter 3

An influential version of the three-stage approach, though using different labels for the stages, was provided by Scott Lash and John Urry in *The End of Organized Capitalism* (Polity, 1987). The managerial revolution issue is discussed by John Scott, one of the leading researchers in this area, in *Corporate Business and Capitalist Classes* (Oxford University Press, 1997). In *Transformations of Capitalism: Economy, Society and the State in Modern Times* (Macmillan, 2000), Harry F. Dahms has very usefully collected together a number of classic texts on these issues. For a highly readable and globally extensive narrative of the latest transformation, see *The Commanding Heights* by Daniel Yergin and Joseph Stanislaw (Simon and Schuster, 1998).

Chapter 4

Will Hutton's *The State We're In* (Random House, 1994) and John Gray's *False Dawn: The Delusions of Global Capitalism* (Granta, 1998) both argue against the idea that globalization produces convergence, as does David Coates, in *Models of Capitalism: Growth and Stagnation in the Modern Era* (Polity, 2000), which lucidly examines all the major models and claims that each 'has stopped working'. Ronald Dore's *Stock Market Capitalism: Welfare Capitalism* examines the functioning and merits of the German and Japanese models, on the one hand, and those of Britain and America, on the other. While not covering anything like as much ground as the above, my *Labour Movements, Employers, and the State: Conflict and Cooperation in Britain and Sweden* (Clarendon Press, 1991) uses the notion of suppressed historical alternatives to explore the similarities and differences between Britain and Sweden.

Chapter 5

Vandana Shiva's 2000 Reith Lecture, *On Poverty and Globalization*, is available through the BBC's web page. For a comprehensive and clear general account of the recent development of global capitalism, see Robert Gilpin, *The Challenge of Global Capitalism: The World Economy in the 21st Century* (Princeton University Press, 2000). Susan Strange has chronicled the decisions (and non-decisions) leading to global monetary instability in *Casino Capitalism* (Manchester University Press, 1997). For a World Bank insider's perspective, see Joseph Stiglitz's book, *Globalization and its Discontents* (Allen Lane, 2002). For an outsider's call for fair trade rather than free trade, see George Monbiot's *The Age of Consent: A Manifesto for a New World Order* (Flamingo, 2003).

Chapter 6

On tulipomania, see Mike Dash's *Tulipomania* (Indigo, 1999) and Simon Schama's *The Embarrassment of Riches* (Collins, 1987). The best way into Marx's views on capitalism and crisis is to read Part One of *The Communist Manifesto* (originally published in 1848; among other editions, Penguin, 1967). Eric Hobsbawm provides a readable and perceptive account of the Great Depression, the postwar 'golden years', and the 'crisis decades' that followed in his *Age of Extremes* (Abacus, 1994). Gilpin (listed above for Chapter 5) sets recent crises in the context of global capitalism. The ups and downs of the dot.com story are chronicled in John Cassidy's *dot.con* (Allen Lane, 2002).

“牛津通识读本”已出书目

古典哲学的趣味
人生的意义
文学理论入门
大众经济学
历史之源
设计，无处不在
生活中的心理学
政治的历史与边界
哲学的思与惑
资本主义
美国总统制
海德格尔
我们时代的伦理学
卡夫卡是谁
考古学的过去与未来
天文学简史
社会学的意识
康德
尼采
亚里士多德的世界
西方艺术新论
全球化面面观
简明逻辑学
法哲学：价值与事实
政治哲学与幸福根基
选择理论
后殖民主义与世界格局
福柯
缤纷的语言学
达达和超现实主义
佛学概论
维特根斯坦与哲学
科学哲学
印度哲学祛魅
克尔凯郭尔
科学革命
广告
数学
叔本华
笛卡尔
基督教神学
犹太人与犹太教
现代日本
罗兰·巴特
马基雅维里
全球经济史
进化
性存在
量子理论
牛顿新传
国际移民
哈贝马斯
医学伦理
黑格尔
地球
记忆
法律
中国文学
托克维尔
休谟
分子
法国大革命
民族主义
科幻作品
罗素
美国政党与选举
美国最高法院
纪录片
大萧条与罗斯福新政
领导力
无神论
罗马共和国
美国国会
民主
英格兰文学
现代主义
网络
自闭症
德里达
浪漫主义
批判理论

德国文学
戏剧
腐败
医事法
癌症
植物
法语文学
微观经济学
湖泊
拜占庭
司法心理学
发展
农业
特洛伊战争
巴比伦尼亚
河流
战争与技术
品牌学
数学简史
物理学

儿童心理学
时装
现代拉丁美洲文学
卢梭
隐私
电影音乐
抑郁症
传染病
希腊化时代
知识
环境伦理学
美国革命
元素周期表
人口学
社会心理学
动物
项目管理
美学
管理学
卫星

电影
俄罗斯文学
古典文学
大数据
洛克
幸福
免疫系统
银行学
景观设计学
神圣罗马帝国
大流行病
亚历山大大帝
气候
第二次世界大战
中世纪
工业革命
传记
公共管理
社会语言学